CRIANZA POSITIVA

Disciplina a tus hijos de manera amorosa

SIMON GRANT

© **Copyright 2019 de** Simon **Grant**- Todos los **derechos reservados.**

Este documento está orientado a proporcionar información exacta y fiable con respecto al tema y la cuestión tratados. La publicación se vende con la idea de que el editor no está obligado a prestar servicios contables, oficialmente permitidos o calificados. Si el asesoramiento es necesario, legal o profesional, se debe ordenar a una persona ejerceda en la profesión.

- De una Declaración de Principios que fue aceptada y aprobada por igual por un Comité de la Asociación Americana de Abogados y un Comité de Editores y Asociaciones.

En modo alguno es legal reproducir, duplicar o transmitir ninguna parte de este documento en medios electrónicos o en formato impreso. La grabación de esta publicación está estrictamente prohibida y no se permite ningún almacenamiento de este documento a menos que con permiso por escrito del editor. Todos los derechos reservados.

La información proporcionada en este documento se declara veraz y consistente, en el sentido de que cualquier responsabilidad, en términos de falta de atención o de otra manera, por cualquier uso o abuso de cualquier política, proceso o dirección contenida en el interior es la responsabilidad solitaria y absoluta Del lector de destinatarios. Bajo ninguna circunstancia se tendrá ninguna responsabilidad legal o culpa contra el editor por cualquier reparación, daño o pérdida monetaria debido a la información aquí contenida, ya sea directa o indirectamente.

Los autores respetuosos son propietarios de todos los derechos de autor no en poder del editor.

La información aquí contenida se ofrece únicamente con fines informativos, y es universal como tal. La presentación de la información es sin contrato ni ningún tipo de garantía.

Las marcas comerciales que se utilizan son sin ningún consentimiento, y la publicación de la marca es sin permiso o respaldo por el propietario de la marca. Todas las marcas comerciales y marcas de este libro son sólo para fines clarificadores y son propiedad de los propios propietarios, no están afiliados a este documento.

Tabla de Contenidos

Introducción 1

Capítulo 1: Entender los Comportamientos de los padres 3

Capítulo 2: Crianza Positiva 7

Capítulo 3: Comunicación 27

Capítulo 4: Comportamiento de los Niños 40

Capítulo 5: Refuerzo Positivo 48

Capítulo 6: Disciplina Positiva 81

Capítulo 7: Desarrollo de la Resiliencia en los Niños 94

Capítulo 8: Preparación Para Adolescentes 118

Capítulo 9: Otros Consejos y Estrategias 128

Conclusión 156

Introducción

¿Desea que sus hijos hagan lo que les dice? Eso sería ideal, ¿no? En un mundo perfecto, los niños sabrían lo que es mejor para ellos y tomarían todas las decisiones correctas. No se puede alcanzar ese nivel de control, pero se puede acercar a él.

La crianza no es tarea fácil, y es una gran responsabilidad que los padres tienen que soportar. Es estresante, agotador y requiere mucho tiempo. Hay muchos riesgos asociados con él, también. Si usted es padre incorrectamente, criará a un niño que es defectuoso, de una manera u otra. No quieres eso, ¿verdad?

Si bien la crianza nunca es un trabajo fácil, nunca tiene que ser complicado. Los padres se alborotan sobre cómo abordar los problemas de sus hijos y a menudo eligen la salida fácil, que a menudo causa consecuencias negativas en el futuro. Existen muchos enfoques eficaces para criar niños.

Uno de los métodos de crianza más eficaces por ahí se conoce como "paternidad positiva". No sólo eso, es eficaz, sino que también es muy simple. Esto es lo que discutiré en este libro.

En este libro, descubrirá:

- Cómo y por qué funciona la crianza positiva
- Cómo sacar lo mejor de sus hijos
- Cómo aplicar la crianza positiva en su hogar
- Cómo utilizar los sistemas de recompensas para fomentar los buenos hábitos
- Cómo frenar los hábitos negativos

¡Y mucho más!

¿Te lo imaginas? Sus hijos están escuchando lo que les dice, ayudando en la casa, siendo social y rindiendo bien en la escuela, todo lo cual logró con poco o ningún estrés. Sin gritos, sin golpes y mucha positividad en la casa. Eso se puede lograr con la crianza positiva.

¿Intrigado? Deberías estarlo. Si usted está listo para cambiar su estilo de crianza y está dispuesto a poner en el tiempo y el esfuerzo para aplicar la crianza positiva, a continuación, siga leyendo!

Capítulo 1

Entender los Comportamientos de los padres

Los padres de todo el mundo tienen tres objetivos principales: garantizar la salud y la seguridad de los niños, prepararlos para vivir como adultos productivos y transmitir valores culturales, según la Asociación Americana de Psicología. Por supuesto, estos objetivos son ambiguos en el mejor de los casos.

La crianza es un tema intimidante para todos los padres porque es una gran responsabilidad. La forma en que los padres crían a sus hijos determinará en última instancia si los niños se convertirán en el próximo millonario o la próxima persona en perjudicar a la sociedad.

Todavía hemos comprendido plenamente cómo funciona nuestra mente, y mucho menos cómo los niños están de desarrollo. Limitados como somos, al menos podemos tomar prácticas previas de nuestros antepasados y entender lo que funciona y lo que no. Esta es exactamente la razón por la que hay tantos estudios por ahí que buscan entender la psicología como un todo. Por ejemplo, un estudio de Aunola y Nurmi en 2005 muestra que los niños interiorizan y externalizan los comportamientos de crianza de su madre, incluyendo cómo muestra afecto y ejercita el control conductual y psicológico sobre sus hijos.

Hay innumerables maneras de criar hijos, pero vamos a clasificarlos en cuatro estilos principales de crianza para simplificar. Son autoritarios, permisivos, no involucrados y autorizados. Todos estos estilos se basan en dos dimensiones: calidez y control. La calidez de los padres se basa en cómo los padres muestran su afecto y afecto hacia sus hijos. La forma en que los padres activos participan en la promoción del respeto a las reglas y las convenciones sociales determinan lo que se llama control parental.

Autoritario

Los padres autoritarios ejercen un alto nivel de control sobre sus hijos mientras ofrecen poco calor. Son estrictos con sus hijos y tienen grandes expectativas. Los niños a menudo no tienen mucha otra opción que obedecer; hablar de nuevo ni siquiera está permitido. Estos padres a menudo castigan a sus hijos por su mal desempeño. Tal estilo de crianza a menudo conduce a la hostilidad, la delincuencia, la rebeldía, la agresión antisocial, así como la ansiedad en los niños a medida que crecen. La ansiedad, en este caso, podría resultar del hecho de que los niños carecieron de la oportunidad de desarrollar autonomía a través de la exploración independiente del medio ambiente. La depresión también está vinculada a este estilo de crianza, ya que los niños recibieron poco o ningún calor o aceptación de sus padres.

Permisiva

El estilo de crianza permisivo se caracteriza por un alto nivel de calidez y un bajo nivel de control. En este caso, los padres son más como un amigo que como un padre. Eso significa que los niños sólo tienen que seguir algunas reglas de la casa, no tienen expectativas de estar a la altura y reciben una guía o dirección mínima. Los padres que crían a sus hijos de esta manera tienden a ser muy cariñosos y nutritivos. A menudo se deja que los niños decidan por sí mismos cuando tienen que resolver sus propios problemas. Mientras que el estilo de crianza permisivo da a los niños con afecto y libertad, tiene sus desventajas. Es difícil controlar el comportamiento de los niños, lo que conduce a una disminución de la competencia social y los logros académicos. Este estilo de crianza a menudo conduce a un comportamiento mandona, dependiente e impulsivo en los niños, así como a un bajo nivel de autocontrol, logros académicos y falta de aprendizaje del control emocional y la persistencia.

Uninvolved

Los padres que crían a sus hijos de esta manera tienden a ejercer un bajo nivel de control y ofrecen poco calor y afecto hacia sus hijos. Los padres no utilizan ningún estilo de disciplina en particular, si es que lo hacen. No están interesados en ser padres. La comunicación es limitada, por lo que los niños se dejan a sus propios dispositivos. Los niños necesitan el afecto y la guía de sus padres, pero los padres no involucrados no proporcionan ninguno de ellos. Esto podría conducir a la depresión y otros problemas de conducta en los niños. A medida que se convierten en adultos, tienden a mostrar comportamientos agresivos y perciben altos niveles de rechazo, por no mencionar su incapacidad para hacer frente a los problemas de manera efectiva.

Autoridad

El estilo de crianza autorizado es sin duda la mejor manera de criar a los niños, ya que ofrece un alto nivel de calidez y control. Los niños reciben un alto nivel de afecto y disciplina, lo que abre la comunicación bidireccional y permite a los padres y a los niños trabajar juntos hacia una meta. Los niños que son competentes, maduros, asertivos y disciplinados tienden a ser criados por padres autorizados. Estos padres adoptan un enfoque disciplinario centrado en los niños y comunicarse con sus hijos. De esto, los niños podían aprender y crecer excepcionalmente bien.

La desventaja de este estilo de crianza es su dificultad. Requiere mucho tiempo, paciencia y energía de los padres para lograrlo. Además, también es situacional. Los padres que viven en condiciones estresantes como la pobreza pueden no tener el lujo de criar a sus hijos con autoridad y tienden a usar prácticas de crianza menos efectivas pero más fáciles.

El estilo de crianza autoritativo también se conoce como crianza positiva, que será todo el foco de este libro.

Capítulo 2

Crianza Positiva

La mayoría de los adultos se convertirán en padres en ciertos momentos de sus vidas, y sin embargo muchas personas no tienen idea de cómo criar a los niños adecuadamente. En muchos casos, no se les puede culpar, ya que hay tantas cosas que considerar que no se puede esperar que tome todas las decisiones correctas que resultarían en un desarrollo positivo en los niños.

Muchos de nosotros nos esforzamos por ser grandes padres, pero nos enfrentamos a confusión y frustración en nuestra búsqueda. La crianza es un compromiso serio, y viene con un conjunto único de problemas que la gente nunca ha enfrentado antes.

Afortunadamente, ya no es necesario vacilar en la oscuridad, ya que se han escrito muchos estudios de caso y revistas sobre el tema. Estos recursos pueden proporcionarle la respuesta que necesita para casi cualquier desafío de crianza.

De toda esta documentación científica viene un estilo de crianza que ha demostrado ser muy eficaz.

Qué es la crianza positiva

Antes de discutir la definición de crianza positiva, ayuda a entender lo que es un "padre". Las dos primeras cosas que pueden venir a tu mente son el padre y la madre. Muchas investigaciones se centraron en el papel de la madre y en cómo es responsable de la etapa inicial del desarrollo infantil proporcionando alimento y afecto, mientras que el padre disciplina al niño. Esta es una visión muy tradicionalista. Los roles ahora se mezclan en los últimos días.

Sin embargo, el punto aquí es que los padres por sí solos no son los únicos que influyen en la educación del niño y en su bienestar psicológico. Hay otros por ahí que funcionan como cuidadores como padres adoptivos, padres adoptivos, hermanos, etc. En otras palabras, el término "padre" también puede aplicarse a esas personas porque su presencia tiene una influencia en el bienestar mental y físico de sus hijos.

Hay muchas definiciones de crianza positiva, pero todas están de acuerdo en que la crianza positiva es la relación continua entre el padre y el hijo que se caracteriza por lo siguiente:

- Cuidar
- Comunicación abierta
- Enseñar
- Liderar

- Proporcionar
- Amor incondicional
- Nutrir
- Empoderar
- Consistencia
- Afecto
- Seguridad emocional
- Calor emocional
- Positivo

Aquí, el enfoque positivo de crianza supone que todos los niños nacen bien y que se esfuerzan por hacer lo correcto. Es sólo por el juicio erróneo que los hizo hacer las cosas equivocadas en su lugar.

La crianza positiva también incluye la disciplina que existe dentro del estilo de crianza autorizado. La disciplina aquí se estructura de una manera que construye la autoestima de un niño y apoya la comunicación abierta y el respeto mutuo entre el padre y el niño.

La investigación

La gran pregunta aquí de nuevo es si la crianza positiva funciona y si usted debe pasar por el problema de cambiar a este estilo de crianza. En realidad hay mucha investigación que muestra beneficios a corto y largo plazo de la crianza positiva en el desarrollo de los niños. Para empezar, usted tiene el Equipo de Investigación de Padres Positivos (PPRT) de la Universidad del Sur de Mississippi, que ha participado en muchos estudios dirigidos a estudiar la influencia de la crianza positiva. Estudiaron la relación entre la crianza positiva y el rendimiento académico, la crianza positiva como predictor de estrategias conductuales protectoras y la crianza positiva en resiliencia, apoyo social y salud emocional.

Aparte de eso, Pettit, Bates y Dodge llevaron a cabo un estudio de siete años en el que estudiaron el impacto de la crianza de apoyo en los niños de pre-kindergarten. La crianza de apoyo aquí es similar a la crianza positiva en el sentido de que enfatiza la calidez, el amor, la disciplina y la participación positiva. Este enfoque de crianza es un marcado contraste con un estilo de crianza más duro.

También se ha demostrado que la crianza de apoyo ha llevado a un mejor ajuste escolar y menos problemas de comportamiento a medida que el niño crece. Además, la crianza de apoyo tiene el potencial de incluso negar el impacto de factores de riesgo familiares como el estrés familiar, la paternidad única y las desventajas socioeconómicas, entre otros.

En gottman Institute, los investigadores han llevado a cabo su propia investigación sobre el impacto de la crianza positiva. Crearon un programa de coaching emocional de 5 pasos que está diseñado para ayudar a los niños a generar confianza en sí mismos y promover un crecimiento psicológico e intelectual saludable.

Estos cinco pasos incluyen la conciencia emocional, la conexión con el niño, escuchar al niño, nombrar emociones y encontrar soluciones.

Al final del estudio, Gottman informó que los niños que han recibido este coaching emocional tienen una trayectoria de desarrollo más positiva en comparación con aquellos que no recibieron este coaching. Además, Bath Spa University llevó a cabo su propia evaluación del coaching emocional y encontró la conexión entre el coaching y los resultados positivos para las familias. Por ejemplo, los padres reportan una mejora del 79% en los comportamientos positivos y el bienestar de los niños.

Por lo tanto, toda la evidencia sugiere que la crianza positiva tiene un gran impacto en el desarrollo infantil saludable. La crianza positiva proporciona beneficios que permanecen con el niño hasta bien entrada la edad adulta.

Otra manera de describir la crianza positiva es en términos de resiliencia, que discutiremos en un capítulo posterior. Cuando los niños han sido criados con positividad durante toda su vida, a pesar de que pueden estar gravemente desfavorecidos, es más probable que prosperen ante las duras circunstancias.

La crianza positiva es la manera de seguir adelante, ya que minimiza el riesgo y proporciona a los niños todo lo que necesitan para desarrollarse y prosperar. Ahora que sabemos que la crianza positiva funciona, veamos exactamente cómo funciona.

Cómo funciona

Hay muchas maneras en que la crianza positiva influye y promueve el desarrollo socialprofesionalde unniño. Por ejemplo, se ha demostrado que la crianza positiva influye positivamente en el temperamento de un niño al mejorar su capacidad para regular sus propias emociones. De hecho, el calor y la positividad de los padres juegan un papel importante en la capacidad de los niños para regular las emociones. El dominio de esta habilidad conducirá a la reducción de los problemas de externalización cuando los niños crezcan.

Aparte de la regulación de las emociones, hay muchas otras maneras en que la crianza positiva contribuye al desarrollo del niño:

- La supervisión de los padres promueve las habilidades de socialización de los niños

- La toma de decisiones democráticas para la crianza de los hijos mejora las relaciones, la autoestima y la confianza en los niños

- La comunicación positiva y abierta mejora la resolución de problemas y las habilidades sociales del niño, así como la mejora de la relación

- La enseñanza y la orientación ayudan a promover la confianza de los niños

- Métodos de crianza que promueven la autonomía apoya la creatividad y la autodeterminación

- Proporcionar límites claros y consecuencias enseña a sus hijos a tener responsabilidad y responsabilidad

- La crianza de apoyo y optimista alienta a los niños a tener una visión más positiva del futuro

- Proporcionar reconocimiento por comportamientos deseables alienta a sus hijos a participar en comportamientos saludables

En general, se ha demostrado que muchos aspectos de la crianza positiva mejoran el desarrollo del niño en todas las áreas de su vida, incluyendo la autoestima, la creatividad, el optimismo, las habilidades sociales, entre otros. La crianza positiva proporciona a los niños el amor y la calidez que necesitan para nutrir su espíritu, lo que les da la fuerza para acercarse a la vida sin temor.

Edad del niño

La crianza positiva es más eficaz cuando los niños son pequeños, menores de un año si es posible. Sin embargo, eso no significa que la crianza positiva sea ineficaz cuando su hijo es mayor. La clave aquí es que desea comenzar la crianza positiva tan pronto como sea posible. Establecer un apego seguro entre los niños y sus padres conduce a muchos resultados positivos del desarrollo, como la confianza, la autoestima, entre otros. Los niños son más susceptibles a la influencia externa cuando son jóvenes, por lo que es una buena idea comenzar a practicar la crianza positiva lo antes posible. Una desventaja de la crianza positiva es que toma mucho tiempo y requiere consistencia, por lo que el tiempo que se tarda en establecer un apego sólido entre padres e hijos y comportamientos y hábitos positivos que se establecerán en los niños son más cortos cuanto más jóvenes sean sus hijos.

Este apego es la base de la crianza positiva y debe priorizarse desde el principio. Está relacionado con los primeros resultados positivos del desarrollo, así como otros beneficios psicológicos y conductuales a largo plazo para los niños.

Estilos de crianza positivos

La crianza positiva se caracteriza por que los padres son cálidos pero firmes con sus hijos, y este estilo de crianza se ha relacionado con varios resultados positivos entre los niños. Otra forma de abordar este estilo de crianza es siendo asertivo, pero no intrusivo, exigente, pero receptivo. Aparte de un estilo de crianza positivo, también se ha demostrado que el estilo de crianza del desarrollo produce resultados similares.

El estilo de crianza del desarrollo se puede decir que es otra forma de estilo de crianza que se caracteriza por el afecto, la capacidad de respuesta, el estímulo y la enseñanza para apoyar el desarrollo cognitivo del niño. Este estilo de crianza también tiene muchas cosas en común con un enfoque de crianza positivo.

Con todo, al estudiar estilos y estrategias positivas para padres, puede implementarlos en sus métodos de crianza para fomentar un desarrollo saludable para sus hijos. La crianza positiva es el mejor enfoque para criar hijos porque:

- Prioriza la experiencia familiar positiva
- Actúa como un modelo positivo
- Aplica consecuencias consistentes y naturales para los comportamientos
- Recompensas y fomentar comportamientos deseables
- Utiliza una comunicación eficaz
- Presta atención a las necesidades del niño y responde a esas necesidades
- Asiste a las expresiones del niño
- Apoya la exploración y las participaciones
- Proporciona expectativas y reglas claras
- Proporciona suficiente supervisión y supervisión

En resumen, la crianza positiva apoya el desarrollo saludable de los niños al ser amorosos, firmes, solidarios, consistentes e involucrados. Para lograr esto, usted necesita poner mucho esfuerzo al comunicar las expectativas que tiene para sus hijos, así como caminar la charla por ser modelos positivos ellos mismos.

Crianza positiva, niños pequeños y preescolares

Todos tenemos que pasar por esta fase en nuestra aventura de crianza, y es quizás una de las cosas más aterradoras que alguien tiene que experimentar. No ayuda si escuchas chistes como "Tener un niño de dos años es como tener una licuadora sin un top".

Por supuesto, manejar a los niños pequeños y preescolares es una pesadilla. Eso ha sido claro. Parecen perpetuamente borrachos y derribarán todo lo que se encuentran, sin mencionar que hacen mucho ruido, experimentan cambios de humor constantes, y tiene crecientes necesidades de independencia. Son literalmente la versión pequeña, feroz y borracha de ti mismo.

Si bien es adorable verlos tropezar y tratar de comunicarse, pueden frustrarte tanto.

Caso práctico

Pongamos la crianza positiva en contexto y veamos cómo un padre debe acercarse a un niño problemático.

Bob es padre de 3 hermosos hijos, dos hijos y una hija. En un fatídico fin de semana, Bob decidió llevara a Jake de compras. Se suponía que iba a ser un viaje corto, pero el chico se equivocó.

Así que, después de quince minutos en sus compras de comestibles, consiguieron todo lo que necesitan, y van al cajero. Desafortunadamente, hay una larga fila allí. Esperan 30 minutos antes de que el hijo, Jake, tuviera suficiente. Jake procede a tirar cada artículo fuera del carro mientras grita en la parte superior de su pulmón.

Bob está visiblemente nervioso cuando otras personas comienzan a darle miradas dedesaprobación, susurrando entre sí sobre su hijo desagradable o cómo apesta en la crianza. Bob está tan frustrado por la situación como su hijo. Al principio, intenta pedirle a Jake que se detenga, tal vez preguntándole amablemente o tratando de razonar con él.

Pero no funciona. Procede a utilizar otros enfoques, incluyendo el mando, suplicar, amenazar, negociar, cualquier cosa que se le ocurra por desesperación. Pero Jake está fuera de control y no puede ser razonado con. Bob quiere que Jake ponga fin a sus berrinches inmediatamente. Lo que Bob no se dio cuenta es que todas las soluciones rápidas que se le ocurran pueden tener consecuencias negativas a largo plazo, independientemente de si tuvo éxito en cualquiera de sus intentos.

Entonces, ¿qué debería hacer Bob en este escenario?

Antes de discutir soluciones específicas para su situación, es crucial que entendamos la etapa de desarrollo de Jake. Jake no lanza berrinches sin razón. Probablemente lo que hace hace es porque es algo que está biológicamente programado dentro de su cerebro para asegurar su supervivencia.

Por ejemplo, los niños de entre 2 y 3 años comienzan a entender cada vez más sobre el mundo que los rodea. Desafortunadamente, están programados para creer que el mundo es hostil y aterrador. Por lo tanto, pueden volverse ansiosos fácilmente. Ciertas cosas insignificantes como el mal tiempo, pesadilla, extraño, imágenes extrañas, el hospital o dentista, animales, etc.

El miedo a esas cosas es inconveniente para los padres. Solo hacen que la crianza sea más compleja de lo que ya es. Sin embargo, también sirven como un indicador de madurez.

En este caso, Jake está reaccionando de esta manera porque está ansioso y quiere evitar el peligro potencial. Su reacción apoya su desarrollo positivo. Por supuesto, mientras que los temores de cosas superficiales como los monstruos no reflejan un verdadero peligro para el niño, aprenden de su experiencia evitando individuos que parecen ser malos o agresivos.

Del mismo modo, el miedo a los extraños es también un mecanismo de protección que alienta a los niños a permanecer cerca de los adultos que saben que pueden mantenerlos sanos y seguros. Quieres que tus hijos puedan discernir a la gente buena de lo malo sin instrucciones, después de todo. Si bien su miedo a veces irracional puede ser una molestia para los padres, es mejor que los niños sean cautelosos y sobrestimen los peligros porque están siguiendo sus instintos de supervivencia mediante el uso de falsos positivos. En este caso, es mejor huir de una situación inofensiva que ser atrapado en una situación peligrosa debido a un juicio erróneo.

Por lo tanto, como padre, usted necesita respetar el miedo de sus hijos, lo que significa que no los castiga por sentirse asustado. Por lo tanto, hable con su hijo de una manera tranquila y amorosa y trate de que verbalicen sus sentimientos. Por lo tanto, necesita ver el positivo en negativo. En este caso, su hijo lanzando berrinches es una oportunidad para que usted entienda y desarrolle un vínculo más fuerte con su hijo.

Con este objetivo en mente, cualquier curso de acción que usted pueda elegir para acercarse a un niño asustado o ansioso siempre debe tener en cuenta el objetivo a largo plazo (desarrollo positivo). Puede ser difícil tenerlo en cuenta en el calor de la situación, pero al final valdrá la pena.

Por otro lado, castigar comportamientos como los gritos no te ayudará a largo plazo. Una manera de ayudarlo a calmarse y tratar de simpatizar con su hijo es viéndolo como un estudiante de escuela secundaria o un adulto. Hacer esto puede ayudarle a responder de una manera más razonable.

¿Cuáles son sus metas a largo plazo a tener en cuenta cuando se trata de niños problemáticos? Son:

- Mantener una relación de calidad

- Asumir la responsabilidad

- Ser respetuoso

- Conocer el bien y el mal

- Tomar las decisiones correctas

- Ser honesto

Todos estos son objetivos a largo plazo que los padres deben tener en cuenta y son muy relevantes para nuestro caso aquí. Si Bob sólo quiere que Jake deje de gritar y lanzar berrinches, sólo estaría pensando en el objetivo a corto plazo, que es conseguir que Jake cause una escena. Bob puede prometerle a Jake algunos caramelos si se detiene. Supongamos que Jake se detiene y se calma, Bob puede proceder a salir de la tienda de comestibles rápidamente y sin sufrir más de humillación. Incluso podría sentirse bien consigo mismo que logró calmar a Jake.

Esto funciona en cuanto a evitar que Jack cause una escena. Esta solución puede resolver el problema hoy en día, pero puede haber otras circunstancias imprevistas como:

Jake puede lanzar berrinches de nuevo para conseguir más caramelos

Jake puede hacer cada vez que van de compras o salen fuera para el caso, y él exigirá más caramelos

Bob puede que nunca vuelva a llevar a Jake a ningún otro lugar.

Además, cuando Bob le dio a Jake caramelos para calmar a Jake, el mensaje que Jake recibe de los dulces no reforzará las cualidades que Bob quiere ver en su hijo en el futuro como:

- Ser respetuoso con los demás
- Ser responsable
- Ser considerado y cortés
- Ser útil
- Conocer el bien del mal
- Tener buenas habilidades sociales
- Tener buenos modales

Por lo tanto, lo que Bob debería haber hecho en esta situación es que mantenga la calma. Entonces, Bob puede decirle a Jake que necesita parar, o tendrá un tiempo fuera. En este caso, un tiempo fuera significa que Bob llevará a Jake a algún lugar donde no pueda obtener refuerzo para sus comportamientos negativos, como una audiencia. Así que pueden ir a un rincón tranquilo en la tienda de comestibles o salir a sentarse en el auto hasta que Jake se calme.

Si la tienda está muy concurrida ese día, Bob puede pedirle al empleado que ponga su carro en algún lugar seguro mientras Bob retira a Jake de la escena. Bob puede incluso pedirle al empleado que guarde su lugar en la fila hasta que regrese, lo que no es una petición imposible si significa que Jack se calle. Después de un rápido tiempo fuera, Bob puede darle un abrazo a Jake y hacerle saber a Jake lo que debe hacer para el viaje de compras, así como las consecuencias por romper las reglas.

Si la situación es realmente extrema, puede ser mejor para Bob si sólo toma a Jake y se dirige directamente a casa, incluso si eso significa no hacer el supermercado. No es ideal, pero es un pequeño precio a pagar si significa conseguir que Jake aprenda a comportarse.

Lo más importante, si Bob lleva a Jake a casa, Bob necesita asegurarse de que el viaje de regreso a casa no sea gratificante para Jake. Eso significa que Jake no puede llegar a casa e ir directamente a ver la televisión, jugar videojuegos o hacer cualquier cosa que le guste. Bob necesita poner a Jake en un tiempo fuera inmediatamente después de su llegada. En este caso, Bob puede incluso decirle a Jake que no comerá su comida favorita esta noche porque las compras no se hicieron.

Esta es la consecuencia natural de que Jake lanza un berrinche, que no está destinado a ser punitivo o sarcástico. Aquí, Jake entiende que si vuelve a hacer una escena en la tienda, no podrá comer su comida favorita. Pero eso todavía no es suficiente. Bob, aunque no tenga ganas, todavía necesita hablar con Jake de una manera amable y amorosa.

Esta es la parte importante. Sea cual sea el enfoque que Bob elija para abordar el problema de Jake, tiene que seguir con él. Si no lo hace, Jake tendrá la impresión de que puede tener algo que quiera algún día si sigue actuando. Comienza a crear un patrón de refuerzo y un bucle de retroalimentación negativa. Una vez que comience, será muy difícil romperse.

Por supuesto, eso no significa que Bob necesite sacar a Jake de la tienda y no hacer compras. Eso es imposible porque Jake tiene demasiado control. Por lo tanto, Bob necesita planear con anticipación y hacer que Jake sea consciente de las reglas y expectativas de sus comportamientos, así como las consecuencias de romper las reglas.

Aquí, Bob necesita ser específico sobre las reglas, expectativas y consecuencias. "Espero que te comportes en la tienda", es demasiado vago. En su lugar, Bob necesita decir algo como, "Las reglas para ir de compras son que necesitas estar callado, hablar en silencio, escucharme y sentarte quieto en el carro". Otra cosa que Bob puede hacer es determinar si quiere llevar a Jake de compras en primer lugar. Puede considerar cuándo sacar a Jake cuando es más probable que se comporte, como cuando descansa bien, se alimenta y no se molesta.

Bob también puede mantener a Jake ocupado dándole a Jake algo que hacer durante el viaje de compras. Jake tal vez puede traer su libro favorito y leer, o ayudar a poner artículos en el carro. Cuando Bob le da opciones a Jake, Jake sentirá una sensación de control porque puede elegir entre leer y ayudar.

Finalmente, Jake debería ser recompensado si se comporta correctamente. Dicha recompensa incluye elogios u otros privilegios. Si Bob decide elogiar a Jake, también tiene que ser específico al respecto. Otra forma de recompensa es la experiencia. Por ejemplo, si Jake se comporta y las compras fueron sin problemas, Bob puede decidir recompensar a su hijo llevándolo al parque antes de volver a casa.

En conclusión

La crianza positiva es un enfoque eficaz para criar a los niños, aunque requiere mucha paciencia por parte de los padres. Hay algunas cosas más que usted necesita saber acerca de la crianza positiva:

- Busque ayuda: Los padres nunca están solos. Independientemente de los problemas que tenga con sus hijos, siempre puede recurrir a otros padres en línea para obtener ayuda. Hay muchas comunidades de padres por ahí dedicadas a ayudar a los padres a resolver sus problemas relacionados con los niños.

- Comience temprano: Como se mencionó anteriormente, la crianza positiva es más eficaz cuando comienza tan pronto como sea posible. Si lo hace bien, entonces el proceso desde cuando su hijo es un niño pequeño a un adolescente debe ser relativamente libre de estrés.

- Empoderar: La idea de la crianza positiva es empoderar al niño para que sea su mejor ser. Ser padres positivos es ser cálidos, cariñosos, cariñosos y mucho más. Al final, los niños son capaces de alcanzar todo su potencial como individuos cumplidos y resilientes en la sociedad. Para alcanzar este nivel, usted necesita ser consistente y claro acerca de sus expectativas. Sus hijos tienen que entender esas expectativas. Los padres también necesitan saber lo que sus hijos están haciendo y hacer todo lo posible para fomentar comportamientos positivos. Este estilo de crianza hace hincapié en hacer que el ambiente en casa sea positivo y constructivo. Ser padres positivos significa que necesitas amar a tus hijos incondicionalmente, sin importar quiénes sean, y apoyar su individualidad y autonomía. Esto sólo es posible a través de una conversación abierta y honesta y ser cariñoso, empático, así como de apoyo.

- Beneficios: Se ha demostrado que la crianza positiva tiene muchos beneficios para el desarrollo del niño, incluyendo autoestima, externalización, habilidades de toma de decisiones y habilidades sociales, entre muchos otros. Todos estos beneficios son a menudo permanentes.

- Disciplina positiva: La disciplina positiva es un enfoque probado para disciplinar a los niños de una manera amable y amorosa. No resulta en traumas emocionales en sus hijos, ya que no es permisivo o punitivo. No implica ira, gritos ni castigos. En su lugar, se trata de reglas, expectativas, consecuencias y coherencia. Esta es una solución a largo plazo a los problemas de comportamiento de su hijo.

- Aplicación: La crianza positiva se puede utilizar ampliamente, independientemente de su situación familiar. Es aplicable en muchas situaciones, incluso a algunos de los peores problemas que existen. Por ejemplo, se puede utilizar para resolver berrinches temperamentales, problemas de la hora de acostarse y de alimentación, rivalidad entre hermanos y muchos más.

- Flexibilidad: Cuando se trata de crianza positiva, hay muchas maneras de abordar un problema. Usted puede obtener más información sobre ellos en línea, ya que se han hecho muchos estudios sobre varios problemas de crianza, y los expertos han identificado soluciones positivas de crianza a todos esos problemas, todos los cuales se basan en evidencia científica.

Cuando lo piensas, ya tienes acceso a una vasta biblioteca de conocimientos sobre la crianza positiva más allá de este libro. Todo lo que hemos discutido aquí son sólo algunos de los fundamentos que usted necesita saber. Incluso si usted no busca más, la información presentada aquí es suficiente para ayudarle a disciplinar a sus hijos de una manera positiva. Al final, después de haber aplicando de manera consistente y paciente estrategias positivas de crianza, establecerá una conexión profunda y significativa con sus hijos que durará toda la vida.

Capítulo 3

Comunicación

Como se discutió en el capítulo anterior, uno de los principales elementos del estilo de crianza es la comunicación. La forma en que se comunica con sus hijos influye en cómo crecen. Esto es lo que discutiremos en este capítulo.

Habilidades auditivas

Lo creas o no, pero la mayor parte de la comunicación son las habilidades de escucha. Como padre, puede ser difícil sentarse allí y escuchar a sus hijos divagar una y una vez. En muchos casos, no es necesario hacer mucho por ellos. Sólo estar allí para ellos y escuchar. Las habilidades auditivas no se trata sólo de poder recibir mensajes verbales. También se trata de ser capaz de percibir las señales no verbales de los niños. De hecho, cada uno de nosotros comunica no verbalmente más que verbalmente. Escuchar es una habilidad aprendida, pero puedes convertirte en un mejor oyente con la práctica. Además de hacer que sus hijos se sientan incluidos y cuidados, usted será un buen ejemplo para sus hijos, ya que ellos también se convertirán en buenos oyentes.

En este caso, debe ser un agente de escucha activo. Al hacerlo, les dice a sus hijos que son libres de compartir sus opiniones, pensamientos y emociones. Hay muchas habilidades que puedes aprender para que puedas ser un oyente eficaz. Todos ellos te ayudan a entender más a tus hijos, fortaleciendo así el vínculo entre tú y tus hijos. Para convertirse en un agente de escucha activo, debe:

- Asignar: Reserva un poco de tiempo y escucha a tus hijos. Eso significa prestar toda su atención a lo que tienen que decir, así como elegir el mejor momento y ambiente para la conversación. Elige un lugar sin distracciones. En cuanto al tiempo, necesitas experimentar un poco. Algunos padres dicen que comunican lo mejor justo antes de acostarse o durante la cena.

- Escucha: Deja a un lado tus propios pensamientos o perspectiva y simplemente escucha. Concéntrese en lo que sus hijos tienen que decir dándoles toda su atención. Trata de entenderlos poniéndote en sus zapatos. Haz que sientan que te importa y entiendelo que piensan y sienten.

- Reflexionar: Después de escuchar, repita lo que sus hijos les dijeron con sus propias palabras. Esto es una escucha reflexiva. Cuando sea apropiado, trata de reformular lo que están diciendo con tus propias palabras y diles lo que crees que están tratando de decir. No digas exactamente lo mismo, que es loro. Leer entre las líneas y realmente ver lo que están tratando de decir basado en su tono y lenguaje corporal. Recuerde que lo que sus hijos dicen no necesariamente refleja completamente lo que sienten, por lo que necesita entender todo el mensaje leyendo las señales no verbales. Cuando repita el mensaje, asigne una etiqueta a la emoción. Por ejemplo, "Parece que estás molesto por..."

- Contacto con los ojos: Demuestra que estás prestando atención manteniendo contacto visual con ellos y asintiendo con la cabeza, ocasionalmente interjecting con respuestas como "Veo", o "Oh," Al hacerlo, anima a tus hijos a seguir hablando.

- Aceptar: Respeta lo que tus hijos están diciendo y acéptalo, incluso si no coincide con tus propias ideas y expectativas. Esto es fácil porque solo necesitas escucharlos y no criticarlos, juzgarlos o interrumpirlos.

- Crear: Dé a sus hijos la oportunidad de resolver problemas por su cuenta. Como padre, su función es guiarlos y alentarlos. Cada vez que vienen a ti con un problema, siéntate y habla de ello. Explore sus opciones y debe llegar a una solución que funcione tanto para usted como para sus hijos.

Los padres que son oyentes activos son descritos como tener buena intuición y sintonizar con sus hijos. Mediante el simple acto de prestar atención y procurar entender a sus hijos, usted puede comprender cómo piensan y sienten acerca de un asunto en particular. Como beneficio adicional, sus hijos son más receptivos a sus sugerencias porque creen que usted realmente se preocupa por ellos y que lo que usted sugiere es para su propio bien.

Al final, sus hijos se sentirán amados y conectados. Ellos serán capaces de hacer frente y resolver sus propios problemas, así como controlar su comportamiento y emociones en el futuro.

Recuerde, ser un oyente activo no significa que usted tiene que estar de acuerdo con todo lo que la otra persona dice. Lo que te hace un buen oyente es el hecho de que entiendes lo que la otra persona está tratando de decir. Usted no necesita estar de acuerdo con su hijo. En muchos casos, sólo quieren desahogarse y sacar sus frustraciones de su pecho, por lo que lo mejor que puedes hacer por ellos es escuchar.

Hay muchas maneras de determinar si está escuchando activamente. Si se siente aburrido por la conversación, se distrae y mira a su alrededor o lejos, o se siente apresurado o siente que está perdiendo el tiempo, y entonces no está escuchando activamente.

Vale la pena practicar la escucha activa a sus hijos ahora. Por ejemplo, siempre que esté hablando de algo, pida a sus hijos que repitan con sus propias palabras lo que han estado tratando de decir. Trate de que entiendan el mensaje subyacente y sus emociones detrás de sus palabras. También tienes que hacer lo mismo.

Técnicas de hablar

Cuando hable con sus hijos, trate de hacerlo positivo al no imponer juicio o culpar. Eso significa usar la palabra "yo" en lugar de "usted", especialmente cuando usted está tratando de cambiar el comportamiento de sus hijos.

Por ejemplo, en lugar de decir: "Tienes que ayudar en la casa", di: "Me gustaría ayuda con las tareas de la casa porque estoy cansada después del trabajo". Usted está sugiriendo lo mismo, que es pedirle a sus hijos que ayuden con las tareas, pero este último es mucho más suave, y sus hijos están más obligados a ayudarle de esa manera.

La declaración "yo" les dice a sus hijos sobre el efecto de su comportamiento en usted. Puede comunicar lo mismo usando la declaración "Usted", pero son más amenazantes. Además, se alentaría a sus hijos a asumir la responsabilidad de sus acciones. El uso de la declaración "Yo" también les dice a sus hijos que sus padres están dispuestos a expresar sus sentimientos y la creencia de que sus hijos responderán de manera positiva y responsable.

Por otro lado, las declaraciones de "Usted" como "No debe hacer eso" enfatizan la acción del niño y le culpan, creando así la distancia entre usted y su hijo. Esto también los alienta a poner en una defensa y contraargumentar, desalentando la comunicación efectiva.

Peor aún son los mensajes de "derribo" que critican o juzgan a los niños. Incluyen insultos, embarazos o burlas al niño. Tales mensajes pueden causar daños psicológicos graves y a largo plazo a los niños, especialmente su autoestima. Si usted dice que su hijo es estúpido, una decepción, un fracaso o algo a lo largo de esa línea, pueden seguir percibiéndose a sí mismos de esa manera por el resto de su vida.

Los mensajes de "yo" son más positivos en general porque resaltan lo que usted siente acerca de las acciones de sus hijos sin culparlos. Esto los alienta a ser responsables y asumir funciones más responsables si entienden la situación, las necesidades y los sentimientos de los demás.

Por supuesto, eso no significa que las cosas cambien para mejor en el momento en que comience a usar las declaraciones "I". Es posible que sus hijos no le presten mucha atención al principio. Si este es el caso, continúe utilizando las instrucciones. Se puede tratar de decirlo de una manera diferente o con mayor intensidad. A veces, los niños no te entienden realmente, así que deberías estar dispuesto a decir algo como: "Así es como me siento, y no aprecio que me ignoren".

Sin embargo, si usted ha practicado la escucha activa y ha demostrado que es receptivo a los deseos y necesidades de sus hijos, ellos también deben ser más receptivos a los suyos. Sé paciente y dales algo de tiempo.

Otra cosa que vale la pena mencionar es que usted debe tener mucho cuidado con su tono de voz. Asegúrese de que sea coherente con su mensaje. Saldrás como insensible cuando digas una cosa pero suene la otra.

La consistencia es clave aquí. Si usted tiene más de un hijo, entonces usted debe tener el mismo enfoque de comunicación y estilo con cada uno de ellos, a pesar de que usted es libre de alterar su enfoque de acuerdo con el temperamento de cada niño. No jueguefavoritos ni parezca hacerlo, ni sea más receptivo a un niño que a otro.

Mejorar las comunicaciones familiares

Además de ser un oyente activo y usar las declaraciones "I", hay muchas otras cosas que puede hacer para mejorar la comunicación dentro de la familia:

Estar disponible

Asigne una cierta hora del día para tener una charla familiar. Sólo 10 minutos al día es suficiente siempre y cuando no haya distracciones. Durante este tiempo, anime a sus hijos a hablar sobre su día y lo que piensan y sienten al respecto. Diez minutos pueden parecer pequeños, pero hace una gran diferencia, ya que ayuda a sus hijos a aprender buenos hábitos de comunicación. Entonces, apaga la radio y la televisión. Preste toda la atención a sus hijos mientras hablan. Mantener el contacto visual y tratar de entender sus sentimientos.

Permanecer en calma

Llegará un momento en que sientas que tu paciencia se ha acapado. Sin embargo, tenga en cuenta que explotar en sus hijos no es el camino a seguir. Hay otras maneras de ayudar a sus hijos sin herir sus sentimientos. Estos son algunos consejos para ayudarle a calmarse antes de hablar con sus hijos:

- Respire lentamente.

- Espere unos minutos antes de hablar con su hijo.

- Encuentre una palabra para describir su emoción, dígala a sí mismo y determine si es apropiada para su hijo. Usted no quiere etiquetar negativamente a su hijo.

- Comparta su frustración o sentimientos generales con su amigo, otros miembros de la familia o cónyuge.

- Nunca guarde rencor. No vale la pena. Es mejor que uses tu energía para lidiar con el problema ahora mismo.

- Si sientes que has perdido el control, busca ayuda profesional.

Ser un buen modelo de rol

Tenga en cuenta que los niños aprenden con el ejemplo. Por lo tanto, usted necesita monitorear lo que dice y cómo lo dice cada vez que está cerca de sus hijos. También puede aprovechar esta oportunidad para enseñar a sus hijos acerca de las buenas prácticas de comunicación. Como se mencionó anteriormente, asegúrese de que el tono y el mensaje transmitidos sean coherentes. Por ejemplo, si usted dice "No, no haga eso", mientras se ríe, puede ser confuso para su hijo. Así que, ten claro lo que dices y cómo lo dices. Si elige sus palabras para describir sus sentimientos cuidadosamente, su hijo aprenderá a hacer eso.

Mostrar empatía

Como se mencionó anteriormente, la escucha activa implica sintonizar las emociones de su hijo y hacerles saber que usted las entiende. Si su hijo está molesto o triste, un abrazo o palmaditas en la espalda puede hacer maravillas por ellos porque usted les hace saber que usted entiende lo que están sintiendo. Nunca diga a sus hijos lo que piensan o sienten. En su lugar, que expresen sus emociones por su cuenta. Toma en serio lo que dicen sobre sus sentimientos. Nunca los reste sin decir algo como, "Lo entenderás cuando seas mayor", o "Es ingenuo sentirse así", los sentimientos de tu hijo son definitivamente reales, y deberías tomarlo en serio.

Dos y no hacer la comunicación

Hacer:

Sé sincero. Nunca le mientas a tus hijos.

- Elogie a su hijo siempre que pueda.

- Expresa con calma tus sentimientos acerca de sus buenos y malos comportamientos.

- Escuche lo que su hijo tiene que decir.

- Caminar la charla - ser el modelo a seguir.

- Dé instrucciones claras usando vocabulario apropiado para su edad y asegúrese de que su hijo lo entienda completamente.

Si usted está molesto, asegúrese de que su hijo entienda que es su comportamiento, ese es el problema, no el niño.

No:

Mentir o decirle a su hijo medias verdades.

- Culpe o llame a los nombres de su hijo. En lugar de decir, "Eres un idiota", di, "No me comportas allí".

- Grita o amenaza a tus hijos.

- Da instrucciones vagas o poco claras como, "Es mejor que te comportes mientras yo no esté."

- Dé a sus hijos el tratamiento silencioso cada vez que se sienta fuertemente acerca de su comportamiento. Confunde y asusta a los niños, especialmente si solías mostrarles calidez y afecto.

Comunicación más allá de la familia

Lo que sus hijos aprenden de usted acerca de la comunicación influye en la forma en que se comunican en la familia, así como en la forma en que interactúan con los demás. Todas las habilidades de comunicación ayudarán a su hijo a negociar, resolver problemas, aprender de los demás, elogiar, expresar sentimientos, ideas, etc.

Si se hace bien, la comunicación es una manera de transmitir amor, aceptación, respeto y aprobación a sus hijos. Por ejemplo, elogiar a su hijo ya no está diciendo: "¡Buen trabajo!" Para elogiar adecuadamente, usted necesita entender cómo su hijo piensa acerca de sí mismo y su comportamiento y saber cuándo y cómo puede compartir su orgullo. De esa manera, puedes entregar tus elogios cuando él es el más receptivo. La comunicación es un proceso bidireccional, lo que significa que no se trata de lo que dices, sino también de cómo entregas el mensaje. Si se comunica bien con sus hijos, su relación con ellos no sólo prosperará, sino que los está ayudando a desarrollarse, crecer y estar a la hora de sus capacidades como persona.

Sin embargo, muchas personas tienen un desempeño deficiente cuando necesitan expresar su aceptación. Algunos pueden pensar que sus hijos pueden no estar motivados para trabajar más duro incluso si se les dice que están bien de la manera en que están. En realidad, los niños tienden a trabajar más duro cuando ya no son presionados para ganar la aprobación de sus padres. Por lo tanto, no juzgues y critiques constantemente a tus hijos. En su lugar, hágales saber que los amas y acéptalos tal y como son. Como resultado, comenzarán a desarrollar una mayor autoestima y se rendirán mejor.

Por lo tanto, haz un esfuerzo para comunicar tu aceptación a través de tus palabras y acciones. Usted necesita decir que su hijo hizo un gran trabajo y abrazarlos u ofrecer otros gestos similares.

Muchos padres no comunican su aceptación hacia sus hijos, ya sea no verbal o verbalmente. Pueden:

- Ordenar: ¡Haz lo que te digan o si no!

- Conferencia: Cuando tenía tu edad, tenía que hacer el doble de tareas.

- Predicad: No debes volver a hacer eso.

- •Crítica: ¿Qué te pasa? ¡Lo hiciste mal otra vez!

- Ridículo: Parecías tonto allá atrás.

Belittle: Vamos. Alguien, tu edad debería saberlo mejor.

Esto no ayuda a los niños a crecer y desarrollar su autoestima. En su lugar, trate de ser positivo y acepte cuando hable con sus hijos al:

- Elogiar siempre que pueday y ser específico al respecto: Usted hizo un gran trabajo resolviendo ese problema de matemáticas por su cuenta anoche.

- Dejar que su hijo sepa lo mucho que los aprecia como son: estoy muy orgulloso de verlo correr en la pista de conocer hoy.

Otra forma de mostrar su aceptación es no involucrarse en ciertas actividades. Por ejemplo, si dejas que tu hijo pinte por su cuenta sin que le ofrezcas consejos sobre lo que debe o no hacer, esto le dirá que lo está haciendo bien por su cuenta. Lo mismo se aplica a escuchar. Cuando su hijo se acerca a usted con problemas en remolque, todo lo que necesita hacer a veces es simplemente escuchar sin interjecting con sus propios pensamientos o comentarios que pueden contradecir sus sentimientos.

Capítulo 4

Comportamiento de los Niños

Antes de que podamos entender cómo podemos cambiar el comportamiento de los niños, primero necesitamos entenderlos. Muchos padres tienen dificultades para determinar si sus hijos se comportan normalmente tal como son o tienen problemas de conducta más graves. La línea está borrosa entre los dos, por lo que realmente debe observar que sus hijos dicen la diferencia. Lo primero que debe saque sin su antoja da cuenta desde el principio es cualquier desviación de su comportamiento "normal" en el pasado. Los niños tienden a comportarse de manera consistente a medida que crecen, por lo que cualquier cambio en su comportamiento es un buen indicador. Sin embargo, el problema es determinar su comportamiento "normal" porque el desarrollo desigual puede influir en sus comportamientos sociales y crecimiento intelectual. Además, el contexto también desempeña un papel en la determinación de la normalidad de su comportamiento.

Como puede ver, hay muchos factores a tener en cuenta cuando usted intenta determinar si su hijo tiene problemas de comportamiento. Es importante que entienda el desarrollo de su hijo para que pueda interpretar, adaptar o aceptar su comportamiento, así como el suyo propio.

Tipos de comportamiento

Para ayudarle a comprender mejor los comportamientos de sus hijos, le sugiero que los clasifique en tres grupos:

- Se busca y aprueba: Tales comportamientos incluyen hacer tareas, ser educado, hacer la tarea, etc. En este caso, usted debe alabar a sus hijos.

- Tolerado: Tales comportamientos incluyen no hacer tareas, ser egocéntrico u otros comportamientos regresivos. Estos no son sancionados, sino sólo tolerados bajo ciertas situaciones, tales como durante un momento de enfermedad o estrés.

- No deseados: Tales comportamientos incluyen cualquier cosa que sea perjudicial para el bienestar físico, emocional o social de los niños, los miembros de la familia y otras personas. Podrían interrumpir el desarrollo de los niños. Incluso pueden ser ilegales o estar prohibidos por la ética, la religión o la sociedad. Eso significa comportamientos destructivos, racismo, prejuicios, robo, tabaquismo, abuso de sustancias, entre muchos otros.

Respuesta

En primer lugar, recuerde que su respuesta se guía por si determina el comportamiento como un problema. La mayoría de las veces, los padres reaccionan exageradamente a un pequeño cambio en el comportamiento de los niños o ignoran o rinde importancia al problema por completo. También pueden buscar soluciones rápidas y fáciles cuando el problema requiere una respuesta más seria. Tales respuestas pueden conducir a dificultades para resolver el problema real.

Otra cosa a tener en cuenta es que las diferentes familias toleran diferentes comportamientos. Por ejemplo, hablar es inaceptable en una familia en la que los padres son autoritarios, y la misma acción se tolera en una familia en la que los padres son permisivos. Todo depende de la propia educación de los padres, lo que significa que el estilo de crianza que adoptan se aprende de sus propios padres. Sin embargo, eso no significa que los padres responderán consistentemente al mismo comportamiento. A veces, el mismo comportamiento es tolerado en privado, pero no en público porque los padres sienten que otras personas los están juzgando en función del comportamiento de sus hijos.

Otro factor que influye en cómo responden los padres es su temperamento, estado de ánimo y presión que tienen que soportar a diario. Los padres que son fáciles tienden a tolerar una amplia gama de comportamientos y toman un tiempo para etiquetar un comportamiento como problemático. Por otro lado, los padres que son estrictos toleran una gama mucho más pequeña de comportamientos y son rápidos para responder y disciplinar a sus hijos. Mientras que el temperamento de los padres está determinado principalmente por su educación, otros factores cambian rápidamente a lo largo del día.

En algunos casos, los padres pueden optar por no responder cuando el comportamiento de sus hijos es complejo y desafiante. Pueden tratar de:

- Racionalizar: No es mi culpa que se comporten de esa manera

- Desesperación: ¿Por qué mis hijos son así? ¿Por qué el mío?

- Desearía que desaparezca: Los niños dejarán de hacer eso con el tiempo

- Negar: No es un problema.

- Hesitate: No estoy seguro de si debo hacer algo al respecto. Podría herir sus sentimientos.

- Evitar: No quiero molestarlos.

- Miedo: No me amarán si los disciplina.

Si le preocupa cómo se desarrolla su hijo o si no está seguro de cómo lidiar con el problema, considere consultar a un pediatra. Pueden ayudarle a determinar si el comportamiento de su hijo es un comportamiento normal o problemático y sugerir una solución.

Hábitos comunes

Si bien la causa sigue siendo desconocida, ciertos comportamientos son comunes entre los niños, ya que tienden a ser calmantes o calmantes para ellos. Curiosamente, los adultos tienden a mostrar los mismos hábitos durante el tiempo de estrés. Esto incluye chuparse los dedos u objetos pequeños, tirar de los lóbulos de las orejas o tirarse los dedos del pelo. Por lo tanto, estos son algunos de los hábitos más comunes entre los niños que conciernen a los padres:

- Girar el cabello

- Mordedura de uñas

- Golpes en la cabeza

- Balanceo corporal

- Succión del pulgar

- Masturbando

Ciertos hábitos auto-consoladores como chupar el pulgar comienzan en la infancia y desaparecen en la infancia media con el tiempo. Sin embargo, a medida que su hijo se desarrolla, limitarán este hábito a una cierta hora del día, como a la hora de acostarse o cuando esté molesto. A menudo, este comportamiento es acompañado por otros comportamientos en sus primeros años, como abrazar seano con su almohada.

A medida que los niños se convierten en adolescentes y adultos, tienen un mayor autocontrol y autocomprensión. Cuando eso sucede, la mayor parte de su comportamiento auto-consolador comienza a desvanecerse realmente. Esto suele ocurrir cuando tienen de 6 a 8 años de edad. Otro factor que influye en lo pronto o tarde que crecen de sus hábitos es la cantidad de socialización que obtienen. Socializar y presionar entre compañeros ayudan a regular sus hábitos y comportamiento.

Sin embargo, el comportamiento auto-reconfortante todavía puede persistir en un pequeño número de niños, en un grado más serio. Por ejemplo, algunos niños que solían balancearse de un lado a otro pueden no acurrucarse en una posición fetal y moverse tanto que la cama tiembla y golpea la pared, causando mucho ruido, hasta que se duermen. Si bien estos hábitos son alarmantes, vale la pena señalar que los movimientos ayudan a calmar o calmar a los niños y sirve como una transición de la vigilia al sueño.

Frecuencia e intensidad

La frecuencia de intensidad de estos hábitos es impredecible y a menudo ebb y fluir sin ninguna razón en absoluto. A veces, los niños tienden a exhibir este comportamiento hasta el punto de que duele. Por ejemplo, los niños que tienen el hábito de morderse las uñas a menudo causan sangrado o dolor. En este caso, es posible que las consecuencias de sus hábitos puedan disuadirlos de seguir haciéndolo en el futuro. Un hábito con tal consecuencia a menudo se desvanece con el tiempo.

Gestión vs. Castigo

Si usted nota que sus hijos están haciendo cualquiera de lo anterior y que saben que lo hacen por consuelo propio, tal vez lo mejor es ignorarlos. La mayoría de las veces, estos hábitos molestos pero alarmantes desaparecen con el tiempo. Lo peor que podrías hacer es llamarlos usando palabras duras, ridiculizar a tus hijos o castigarlos. Hacerlo crea tensión adicional, lo que fomenta aún más este hábito de autosuficiencia, empeorándolo. El castigo nunca es una manera efectiva de frenar cualquier hábito.

Sin embargo, ignorar el problema por completo puede ser difícil para muchos padres. Pueden ignorar a sus hijos, pero eso no significa que no estén molestos o frustrados. Si eres tú, haz todo lo posible para no hacer ningún comentario y esperar a que el hábito se desvanezca.

Los niños a menudo buscan su ayuda o están dispuestos a cooperar con usted para ayudar a frenar su hábito de autocalmarse si ese hábito tiene un elemento de dolor como consecuencia directa, como morderse las uñas.

Para ayudar a sus hijos a superar hábitos molestos, considere hacer lo siguiente:

- Elogie a sus hijos cuando se dé cuenta de que no están haciendo el comportamiento durante mucho tiempo.

- Utilice agentes para introducir consecuencias directas adicionales al comportamiento. Considera usar compuestos de sabor amargo que puedas colocar en las uñas de tus hijos para evitar que se muerden las uñas. De esa manera, sus hijos asocian la consecuencia con su comportamiento y eventualmente dejan de hacerlo. Si bien este enfoque no es muy exitoso en la mayoría de los casos, es simple y puede ser eficaz si sus hijos cooperan. Antes de empezar, asegúrese de consultar a su farmacéutico para obtener agentes seguros y digeribles.

- El refuerzo positivo es la mejor manera de cambiar el comportamiento de sus hijos. Recompense y acentúe los comportamientos que desea que sus hijos tengan. Monitorear y recompensar (no castigar) el comportamiento de sus hijos.

Capítulo 5

Refuerzo Positivo

Los niños no nacen y saben desde el get-go lo que pueden y no pueden hacer. Corresponde a los padres, maestros y sus compañeros educarlos sobre comportamientos que son aceptables.

Al igual que con cualquier forma de entrenamiento, tanto para los seres humanos como para los animales, la mejor manera de disciplinar a los niños es a través de un refuerzo positivo. El refuerzo positivo amplifica el buen comportamiento y frena a los malos por la falta de recompensa. Una de las mejores cosas de este método de disciplina es el hecho de que no daña los sentimientos del niño tanto en comparación con otros métodos disciplinarios. Por lo tanto, el riesgo de que su hijo desarrolle traumas psicológicos es muy bajo.

El refuerzo positivo le permite aprovechar las fortalezas únicas de su hijo y llamar la atención sobre sus intereses y rasgos de personalidad. Esto crea una oportunidad para que usted se conecte y se comunique eficazmente, así como para alentar a su hijo a ser él mismo.

¿Qué es el refuerzo positivo?

El refuerzo positivo es uno de los muchos enfoques para la crianza. La idea es fomentar un comportamiento deseable a través del uso de un sistema de recompensas inmediatamente después de la ocurrencia. De esa manera, el destinatario de la recompensa (niños en este caso) es más probable que repita el mismo comportamiento en el futuro. Eventualmente, a través de la repetición, el receptor de la recompensa desarrollará un hábito, y la recompensa ya no es necesaria.

El refuerzo positivo sigue el mismo principio de la psicología positiva en la naturaleza humana, que se centra en lo que es bueno. Al igual que la psicología positiva, el refuerzo positivo no representa una visión completa de la psicología humana. Eso significa que no se puede confiar en el refuerzo positivo para alterar el comportamiento de un niño. Solo, es muy ineficaz. Sin embargo, si lo usas para complementar tu estilo de crianza, verás los resultados mucho más rápido.

El refuerzo positivo, por lo tanto, se puede utilizar para fomentar comportamientos que queremos ver, como que sus hijos hagan las tareas sin quejarse de ello o para recompensarlos por hacer algo neto pero positivo, o para animarlos a seguir haciendo algo.

Refuerzo positivo efectivo

Si desea incorporar refuerzo positivo en sus métodos de crianza, vale la pena señalar que necesita invertir mucho tiempo en él para que el refuerzo positivo sea eficaz. Puede requerir que alteres tu hábito porque puede ser necesario si quieres cambiar el comportamiento de tus hijos. Algunos padres tienen que hacer cambios drásticos en la forma en que se comportan, pero todo es para el beneficio de sus hijos y de ellos mismos. Algunos pueden tener que desarrollar un hábito para elogiar en lugar de criticar, pero para alabar bien. Esto puede parecer incómodo la primera vez, pero con la práctica, el tiempo y la consistencia, llegará salgo allí.

Muchos padres sienten la necesidad de corregir y solucionar problemas de comportamiento. Tal tendencia significa bien, pero a menudo nos aleja de muchas oportunidades de notar lo que nuestros hijos ya tienen bien. Tendemos a depender demasiado de la solución del problema, lo que daña la autoestima del niño, en lugar de elogiarlos por todas las cosas que hicieron bien.

Según un estudio realizado por Barbara Fredrickson sobre emociones positivas, las emociones positivas son cinco veces más poderosas que las emociones negativas cuando se trata de nivel de felicidad. Esta relación de 5 a 1 también se aplica al refuerzo positivo en comparación con otras formas de corregir comportamientos como el castigo positivo o el refuerzo negativo. Por lo tanto, el refuerzo positivo debería producir mejores resultados en los niños y conduce a niños y padres más felices.

Usando este modelo, podemos ver que el uso de elogios positivos supera la crítica 5 a 1 en términos de influencia. Tampoco se trata sólo de hacer feliz al niño. Si aprendes a alabar en lugar de criticar, también sentirás la positividad y serás generalmente más feliz. Esto conduce a un ambiente muy positivo dentro de la familia.

Crecimiento, Desarrollo y Autoeficacia

Para hacer que tus elogios sean efectivos, necesitas enfatizar la acción, no la persona. Por lo tanto, elogie a su hijo diciendo que lo que hicieron es bueno. La profesora Carol Dweck, de la Universidad de Stanford, explicó cómo elogiar el esfuerzo puesto en la actividad en lugar de la personalidad del niño fomenta una mentalidad de crecimiento, así como un sentido de autoeficacia.

En su libro titulado "Mindset: The New Psychology of Success", subrayó la importancia de centrarse en las cosas que el niño puede controlar, como su capacidad para perseguir metas o el compromiso con el aprendizaje de nuevas habilidades. Nunca vale la pena cambiar su atención hacia algo que es inherente y no se puede cambiar, como la personalidad de su hijo.

El afecto es especialmente crucial en la forma en que comunicas tu aprobación. Cualquiera que sea la circunstancia, la mejor manera de alentar un cambio en el comportamiento de un niño es a través del uso efectivo de la comunicación de las emociones. Como padre, depende de usted expresar calidez y compasión para mejorar la cercanía entre los padres y los niños. Con esta fuerte conexión emocional, puedes lograr cualquier cosa.

Autonomía, Competencia y Relación

Una buena manera de desarrollar un sentido de autonomía en los niños es involucrándolos en establecer límites y ofreciéndoles opciones para recompensas que perciben que son significativas y agradables.

Para hacer eso, usted necesita conocer bien a sus hijos, especialmente sus intereses, y entender su mundo emocional. Esto no es fácil, pero vale la pena el esfuerzo porque puede conectarse fácilmente con sus hijos emocionalmente.

Una gran manera de comenzar a sintonizar las actividades de su hijo es siendo curioso, incluso si es algo que no le interesa. Deja a un lado tu juicio y sé de mente abierta, al menos hasta que conozcas bien a tu hijo. Hacerlo es una gran oportunidad de aprendizaje tanto para el padre como para el niño.

También puede reforzar la autoestima o el sentido de competencia de su hijo reforzando los comportamientos que hablan de sus fortalezas y desarrollarse creando oportunidades para el dominio de las habilidades y la práctica de la perseverancia y el compromiso. Sin embargo, eso no significa que deba evitar dejar que sus hijos fracasen por completo. Los padres que son sobreprotectores y emplean un estilo de crianza que evita el fracaso socavarán la competencia, la independencia y el potencial académico y pueden conducir a una vida de ansiedad para los niños.

Por supuesto, todos los padres quieren proteger a sus hijos. Sin embargo, los niños seguros y sobreprotegidos sienten que son incompetentes. Después de todo, ¿por qué si no harías tanto para protegerlos? La mejor manera de aprender y crecer es a través de errores y fracasos. Así es como todo el mundo lo hace, al igual que sus hijos. Aprenden a ser ingeniosos e innovadores a partir de sus fracasos. Requiere valentía de sus hijos, pero usted puede ayudarlos aquí dándoles mucho amor y apoyo. El fracaso no es tan malo. Fomenta la valentía, la autonomía y la competencia, y le ayuda como padres a aprender a retroceder y ver el panorama general y enseñar a sus hijos a aprovechar la oportunidad de fracasar.

Ejemplos de refuerzo positivo

El uso de refuerzo positivo se puede encontrar prácticamente en todas partes, desde el entrenamiento de perros hasta los programas de recompensa y negociación de los empleados. El refuerzo positivo es a menudo el más evidente en las escuelas y centros de cuidado infantil porque necesitan alentar a los niños a realizar una tarea, aprender una nueva habilidad o comportarse de cierta manera. También puedes hacerlo en casa.

Algunos ejemplos del uso de refuerzo positivo en escuelas o centros de cuidado infantil incluyen:

- Cumplimientos

- Reconocimiento

- Elogios

- Notas positivas

- Pats en la espalda, aplausos, altos cinco, apretones de manos, sonrisa

- Ser asignado como ayudante del maestro

- El privilegio de elegir las tareas

- El privilegio de leer, jugar, crear u otra actividad con alguien

- Crédito o puntos adicionales

- Tener trabajo destacado en un lugar de honor

- Noche sin deberes

- El privilegio de elegir en qué actividad participar

- Hora o almuerzo con alguien especial

- Aumento del tiempo de recreo

Como puede ver, puede incorporar muchos de estos sistemas de recompensas en sus métodos de crianza. Los niños de todas las edades a menudo responden bien a los elogios porque quieren hacerte feliz y ser vistos como tomar buenas decisiones. Los niños son más propensos a repetir un comportamiento cuando usted los elogia por ello. Así que siempre que atrapes a tu hijo en el acto de ser bueno o incluso cuando se comporten de una manera que te guste, asegúrate de hacerles saber que lo aprecias.

Por ejemplo, puedes decirle a tu hijo: "Me gusta la forma en que mantienes todos los lápices cuidadosamente en un solo lugar en tu mesa". Esto alienta a su hijo a organizarse, y este cumplido funciona mejor que cuando usted lo critica cuando accidentalmente golpea a uno. Ayuda ser específico acerca de sus elogios, ya que le dice a su hijo exactamente lo que hizo bien.

Si debe responder negativamente al comportamiento indeseable de sus hijos, asegúrese de hacer al menos cinco comentarios positivos antes de dar una respuesta negativa.

Los niños y adolescentes quieren y necesitan la aprobación de sus padres para que pueda usar el estímulo descriptivo para motivarlos a hacerlo mejor. Si nota que su hijo adolescente se está comportando de manera responsable y toma decisiones racionales, asegúrese de elogiarlos por ello. Sin embargo, tenga en cuenta que los adolescentes prefieren ser elogiados en privado en lugar de delante de sus amigos.

Para los adolescentes, la mejor forma de recompensa es el aumento del privilegio o la responsabilidad. Para hacer eso, usted necesita sentarse y discutir las reglas con sus hijos y ajustarlas a medida que crecen. Por ejemplo, puede extender su toque de queda a medida que envejecen siempre y cuando se comporten de manera responsable.

Uso del refuerzo positivo para fomentar el cambio de comportamiento

Antes de comenzar a usar el refuerzo positivo para cambiar el comportamiento de su hijo, tenga en cuenta que tomará mucho tiempo. Necesitas paciencia y perseverancia. El único inconveniente del refuerzo positivo es que se tarda más en producir resultados. Cuando lo usas para animar a tus hijos a dejar un viejo hábito, toma aún más tiempo. Para una tarea de este tipo, es necesario practicar la frecuencia y la coherencia.

Frecuencia y consistencia

El refuerzo positivo se basa en la frecuencia y la consistencia para que sea eficaz. Por esta razón, es muy recomendable que cree un sistema de recompensas para mantener a sus hijos motivados y comprometidos, especialmente cuando están aprendiendo una nueva habilidad. Hay tres etapas para la implementación de un sistema de recompensa de refuerzo positivo.

La primera forma premia la forma más frecuente y consistente. Aquí, usted necesita recompensar a su hijo cada vez que haga algo bien. No es fácil de mantener, pero se recomienda que lo hagas en la fase temprana del aprendizaje porque el refuerzo en esta etapa es intenso y eficaz.

A partir de ahí, puede empezar a proporcionar refuerzo en un intervalo fijo o ocurrencias después de un corto período de tiempo. En esta etapa, su hijo debe estar familiarizado con el sistema de recompensas, para que pueda discutirlo con ellos. La idea es introducir un sistema de recompensas que no requiera tanto trabajo como el de la etapa anterior sin dejar de valer la pena para sus hijos.

Por último, puede introducir un horario variable cuando comience a ofrecer recompensas con menos frecuencia a medida que pasa el tiempo. Esto se hace para reducir la dependencia de su hijo de la recompensa. La dependencia excesiva de la recompensa significa que su hijo no realizaría el comportamiento deseado a menos que usted los recompense, lo cual no es deseable. Usted quiere que sus hijos desarrollen el hábito de mostrar un comportamiento deseable incluso en ausencia de recompensa.

Es importante que también supervise el progreso de sus hijos y realice ajustes en el sistema de recompensas en función de las preferencias de su hijo. Si entiendes sus intereses, puedes cambiar las recompensas para satisfacer mejor sus necesidades, aumentando así la efectividad de la recompensa y motivarlas a comportarse bien. Alternativamente, también puede ofrecerle a su hijo una opción en las recompensas, que fomentan la independencia.

Ten en cuenta que los niños se acostumbran a la recompensa con el tiempo, por lo que pierde su poder cuanto más tiempo lo uses. Para evitar esto, te recomiendo que cambies las cosas para traer variedad. Puede hacerlo cambiando la frecuencia con la que sus hijos reciben la recompensa o cambian la recompensa por completo. Se recomienda quitar la frecuencia de recompensa, ya que ayuda a sus hijos a destetarse en la necesidad de recompensas y comenzar a comportarse de la manera deseada como una fuerza de hábito.

¿Qué recompensas son las mejores?

Los niños necesitan tener una muy buena razón si quieres que se comporten de cierta manera. Hemos detectado un problema desconocido. Sin embargo, hay situaciones en las que la recompensa es el resultado del comportamiento. En este caso, ya no es necesario recompensarlos. Hay cuatro formas principales de recompensas:

Las recompensas naturales son aquellas que son la consecuencia directa de un comportamiento deseable. Este tipo de recompensa crea un bucle de retroalimentación positiva. Eso significa que el resultado del comportamiento alienta a los niños a seguir haciéndolo. La recompensa natural incluye la satisfacción del trabajo o una buena calificación. Si es posible, te recomiendo que uses esta forma de recompensa para animar a los niños a adoptar un determinado comportamiento porque da a los niños autoestima, sentido del significado y motivación.

Otra forma de recompensa son las recompensas sociales. Estos son la aprobación o reconocimiento de sus compañeros en forma de elogios, cumplidos, aliento, etc. Los humanos son animales sociales y buscarán activamente la aceptación y tratarán de cultivar un sentido de pertenencia. Las recompensas sociales satisfacen esa necesidad.

Las recompensas tangibles se explica por sí solas. Son las cosas que usas para alentar a los niños a comportarse de cierta manera. Por ejemplo, usted ofrece a sus hijos algunos caramelos si pueden guardar silencio para el viaje en coche. El mayor error que cometen los padres cuando se trata de refuerzo positivo es el uso excesivo de recompensas tangibles. Una vez más, esfuércese por hacer que las recompensas naturales sean la única recompensa que los niños obtienen al comportarse de cierta manera.

Las recompensas de fichas son la forma final y se utilizan en lugar de recompensas tangibles, pero pueden ser tan efectivas como la forma anterior. Los niños pueden usar el token inmediatamente para obtener una cierta recompensa tangible o guardarla para rastrear su progreso hacia una meta más grande. Puede usar recompensas de tokens como una representación visual del esfuerzo continuo. Aquí, usted necesita crear un sistema de recompensas basado en puntos en el que sus hijos pueden intercambiar sus puntos acumulados para obtener algo de valor para ellos. Acumulan puntos mostrando el comportamiento deseado.

Después de que el comportamiento esté bien establecido, usted desea quitar la recompensa para reducir la confianza de sus hijos. Para ello, es necesario disminuir la frecuencia de la recompensa o alargar los intervalos entre la acción y la recompensa. De esa manera, puedes empezar a desconectar la tarea de la recompensa.

¿Funciona?

Muchos padres felices han reportado haber tenido éxito con un refuerzo positivo. Sin embargo, tenga en cuenta que el refuerzo positivo es más que simplemente recompensar a sus hijos cada vez que hacen algo bien. Es mucho más que eso, y necesitas ser consciente de las advertencias. El refuerzo positivo forma parte de la disciplina positiva, que se caracteriza por la falta de castigo. Esta forma disciplinaria garantiza que los niños estén protegidos de daños psicológicos o físicos.

Para disciplinar positivamente, necesitas ser amable pero firme. Eso significa ofrecer ayuda y orientación donde sea necesario, pero darle a su hijo suficiente autonomía para darle la oportunidad de crecer. Hay siete percepciones básicas que usted debe fomentar en los niños:

- Habilidades interpersonales
- Habilidades intrapersonales
- Responsabilidad, integridad, adaptabilidad y flexibilidad
- Poder personal
- Percepción de la importancia de uno
- Habilidades de juicio y evaluación
- Sentido de agencia y capacidad personal

Beneficios y ventajas

Como su nombre indica, el mayor beneficio del refuerzo positivo es la positividad tanto para los padres como para los niños. Se llega a disciplinar a sus hijos con éxito sin ser afectados por la negatividad. Aprendes a concentrarte en las cosas bonitas de la vida, y tus hijos son felices. Los padres que disciplinan a sus hijos a través de la violencia tienden a sentirse mal al respecto, y no fomenta un ambiente positivo en el hogar.

Por esta razón, muchos padres están de acuerdo en que es mejor para su propia salud emocional si se centran en lo bueno en lugar de los malos. Esto no quiere decir que la retroalimentación constructiva o la honestidad no sean ajustes. Sin embargo, es necesario equilibrar entre disciplina y alabanza.

El castigo de cualquier forma puede causar efectos negativos a largo plazo, y el refuerzo positivo busca prevenir eso. Más a menudo que no, el daño de los castigos no se ve hasta que es demasiado tarde. Conduce al resentimiento, la desconfianza, la rebelión o incluso la venganza. El castigo no resuelve el problema, ya que alienta a los niños a aprender a evitarlo. Eso significa hacer trampa, mentir o ser desafiante. Puede que ya no te escuchen porque piensan que no tienes su mejor interés en el corazón. Peor aún, pueden interiorizar sus culpas y castigos y convertirse en la persona que usted dice que son: idiota, tonto, etc.

El castigo puede adoptar la forma de una base o violencia directa, que es bastante común en los países asiáticos. El castigo no tiene que llegar tan lejos. Los refuerzos positivos tienen su propia forma de castigo, que es la falta de recompensa. Usted puede lidiar con comportamientos problemáticos en los niños a través de la comunicación y la conexión emocional. Si su vínculo entre padres e hijos es fuerte, entonces usted puede ayudar a su hijo a aprender de sus errores sin causar traumas emocionales.

Lo que se ha dicho hasta ahora todo apunta a la aplicación de la inteligencia emocional, que es importante en todas partes, desde las relaciones profesionales hasta las personales. Es la clave para una crianza efectiva. Tener un alto nivel de inteligencia emocional requiere mucha práctica de tu parte, pero es beneficioso tanto para ti como para tus hijos si empiezas a aprenderlo y a practicarlo ahora mismo. Comience ahora mismo y sea un modelo a seguir para sus hijos. Enséñeles cómo lidiar con las emociones negativas y fomentar relaciones profundas y significativas con usted y sus compañeros. Estas son algunas sugerencias:

- Ser un modelo a seguir
- Sea preciso en su discurso
- Discúlpese si se equivoca
- Respete las necesidades de sus hijos
- No restes a jugar a sus emociones
- Ayude a sus hijos a resolver problemas.

¿Cuáles son los inconvenientes?

Un vistazo rápido al refuerzo positivo puede decirle que no es muy diferente del soborno. Sin embargo, hay una gran diferencia. Ambos animan a los niños a comportarse de cierta manera, pero el resultado es diferente. Para el soborno, los niños solo hacen algo cuando les das recompensas antes de que lo hagan. Esto crea una dependencia de la recompensa, que es algo que el refuerzo positivo evita.

Tan impecable como el refuerzo positivo puede parecer, hay una cosa que usted necesita tener cuidado para el uso excesivo. El refuerzo positivo se basa en el sistema de recompensas para animar a los niños a comportarse, pero no es eficaz si lo usas en exceso. Esto contensa la eficacia y puede conducir a muchos más problemas en los niños.

Alabar demasiado a tus hijos puede darles la ilusión de que son una persona mucho más grande de lo que realmente son. Esta falsa percepción será aplastada inmediatamente en el momento en que se exponen a cualquier forma de desafío, y mucho menos a fracaso. Esto puede conducir a traumas psicológicos a largo plazo. También necesita que sus hijos desarrollen resiliencia para tener confianza, ser competentes y contentarse. Esto sólo es posible si les das la oportunidad de enfrentar las dificultades por sí mismos y superarlas para construir confianza en ti mismo.

Como se mencionó anteriormente, los niños pueden llegar a ser demasiado dependientes de las recompensas si usted lo usa en exceso. Por lo tanto, asegúrese de alabar con moderación. Asegúrese de que cada elogio que le dé a su hijo sea efectivo. Demasiado elogio le dice a su hijo que usted no es genuino, por no mencionar el cansor para usted. Si no es eso, entonces corres el riesgo de reforzar el comportamiento equivocado.

Cómo usar el refuerzo positivo

Antes de comenzar, vale la pena considerar la etapa de desarrollo de su hijo porque usted necesita considerar lo que los niños no pueden hacer y no harán. Los niños más pequeños no tienen la capacidad cognitiva para entender el razonamiento complicado y la lógica, por lo que necesita establecer una expectativa realista cuando se utiliza el refuerzo positivo con los niños. Además, planifique la inevitable y total crisis en los niños, ya que es bastante común entre los niños muy pequeños y los niños pequeños.

Para los niños pequeños, la agresión es una ocurrencia común y es parte de su desarrollo. La agresión a menudo se debe a la falta de habilidades del lenguaje, frustración, agotamiento, hambre, y el deseo de ser independiente, un cambio en la rutina, o incluso el aburrimiento!

Para los niños pequeños, tienden a actuar cuando necesitan su atención. Puede usar esto para dar forma a que el comportamiento de sus hijos sea efectivo desde el principio porque harán muchas cosas solo para llamar su atención. Es un regalo en sí mismo. Como se mencionó anteriormente, usted necesita notar lo que sus hijos están haciendo y elogiarlos haciéndoles saber acerca de lo que están haciendo y hacerles saber que usted está feliz al respecto. Puedes hacerlo mediante el uso de alabanza, aliento, afecto o gestos físicos, o escucha activa. Esto se llama atención positiva.

La atención positiva es más eficaz cuando se utiliza a menudo. Al hacerlo, le recuerda a su hijo con frecuencia lo que desea que se repita más a menudo. Elogiar el buen comportamiento es eficaz cuando su hijo está aprendiendo una nueva habilidad o teniendo problemas para aprender una. Por lo menos, usted puede elogiar el esfuerzo de su hijo y los casos de éxito. Lo mejor de la atención positiva es que puedes darle en cualquier lugar y en cualquier momento. Es una forma de recompensa natural que es beneficiosa para sus hijos, y te enseña a buscar lo positivo.

A través del uso inteligente del sistema de recompensas, puede asignar a su hijo diferentes responsabilidades por lo que es un juego y que la recompensa es algún tipo de privilegio. Contar, ordenar y preparar refrigerios puede ser divertido. Sólo asegúrese de seguirlo con elogios y aliento para reforzar positivamente el comportamiento.

Practique la escucha activa, que hemos discutido en un capítulo anterior. Asiente con la cabeza cuando su hijo habla o hace cualquier cosa que le señale que usted está escuchando para que se sienta consolado y respetado. Hacerlo les ayuda a hacer frente a la frustración y la tensión, lo que puede conducir a un comportamiento indeseable y ayudar a los berrinches de temperamento difuso.

Lo más importante cuando practicas refuerzo positivo es ser firme. Tienes que ser firme cuando disciplinas a tus hijos, lo cual es más fácil decirlo que hacerlo. Sus hijos pueden quejarse, y usted puede ser tentado a ceder. Es difícil resistirse, pero necesitas mantenerte firme. Si no lo hace, terminará reforzando el comportamiento equivocado y capacitará a sus hijos para que se quejen más.

Gestión del comportamiento no deseado

Lo mejor del refuerzo positivo para los niños es el hecho de que la redirección sigue siendo una manera eficaz de manejar comportamientos indeseables. Si su hijo se está portando mal, entonces usted puede frenar ese comportamiento dirigiendo su atención a otra cosa que sea positiva que puedan hacer para distraerlo. Esto funciona bien si puede identificar el desencadenador que causa comportamientos no deseados en los niños.

La clave para administrar el comportamiento no deseado es identificar el desencadenador que lo causa en primer lugar. Usted puede identificar fácilmente a través de una observación rápida. Si sus hijos con frecuencia pelean por un juguete, llévese el juguete. Para este problema en particular, puede aprovechar esta oportunidad para enseñar a sus hijos a compartir, que también es una habilidad social importante que los niños deben aprender desde el principio.

Planificación anticipada

Prepárese para las inevitables situaciones desafiantes. Asegúrese de planificar con anticipación las necesidades de su hijo. Si desea que sus hijos cambien de actividad, dígales con al menos 5 minutos de antelación. Puede hacer maravillas porque les estás dando tiempo para prepararte para la siguiente actividad.

Cuando los berrinches golpean y nada de lo que hace ayuda a la situación, entonces es posible que deba sacar a su hijo de la situación para darle un descanso. Piense en ello como una pausa de relajación en lugar de un tiempo fuera.

Por último, asegúrate de incorporar humor a la mezcla. Puede ser la diferencia entre una tarea tediosa y una actividad divertida.

Técnicas e ideas de refuerzo positivo

Hay algunas cosas que debe tener en cuenta cuando utilice refuerzo positivo. Estos consejos pueden ayudarle a mejorar la eficacia de dicho refuerzo.

Ambiente

Cree un entorno que fomente un buen comportamiento. El entorno alrededor del niño juega un papel en la configuración de su comportamiento, por lo que debe organizarlo de una manera predecible para ayudarlos a comportarse correctamente. Asegúrese de que su espacio es seguro, organizado, fácil de atravesar y lleno de cosas divertidas para jugar y participar. Para los niños mayores, darles un espacio tranquilo con luz natural dedicado a las tareas escolares si es posible.

Estructura y límites

Es importante que establezca algunas reglas de la casa. Asegúrese de que sus hijos los entiendan y de que las reglas en sí mismas sean razonables. También debe ajustarlos a medida que su hijo crezca. Cuando se trata de límites de comunicación, no escatime gastos. Utilice todos los medios para comunicar los límites y tratar de enfatizarlos constantemente verbalmente o a través del uso de recordatorios visuales.

A los niños les gusta tener una estructura a seguir, así que trate de apegarse al horario tanto como pueda. De esa manera, sus hijos saben qué esperar a continuación. En el lugar de los niños mayores, trate de involucrarlos en el establecimiento de reglas familiares. Es una manera democrática de hacer las cosas, y usted quiere asegurarse de que sus hijos sientan que sus opiniones importan. Trate de establecer las reglas de una manera que capacite a sus hijos para que participen activamente en el funcionamiento del hogar.

Consecuencias naturales

Los niños aprenden muy temprano que sus decisiones y acciones tienen consecuencias. Pueden enojarse si no les gustan estas consecuencias naturales, pero solo las entenderán si tienen experiencia de primera mano. Por ejemplo, si su hijo es responsable de empacar su equipo para una pijamada y olvida su almohada favorita, tendrá que manejarse sin ella.

En muchos casos, la consecuencia natural es suficiente para disuadir a los niños de comportamientos negativos o reforzar los positivos. Sin embargo, puede haber un momento en el que necesites ayudarlos a elegir un comportamiento alternativo positivo, resolver sus problemas o encontrar maneras de evitar que se sientan indefensos. En algunos casos, es posible que necesite hablar con sus hijos acerca de la consecuencia natural de ciertos comportamientos que usted no tolera y asegúrese de que lo entiendan y estén de acuerdo con él. Después de eso, asegúrese de seguirlo con firmeza, calma y coherencia.

Ser un modelo de rol

Como se mencionó anteriormente, los niños aprenden con el ejemplo. Así que sé el tipo de persona que quieres que sean tus hijos. Es importante que envíe un mensaje positivo a sus hijos y sea un buen modelo a seguir para ellos. Ellos te vigilarán en busca de pistas sobre cómo comportarse. Si no practicas lo que predicas, ellos harán lo que haces, no como dices. Por ejemplo, si desea enseñar a sus hijos a estar tranquilos en situaciones estresantes, debe estar tranquilo frente a sus hijos.

Aprende a vivir con errores

Las reglas de la casa son importantes porque sirven como guías de lo que sus hijos pueden y no pueden hacer. Sin embargo, también es necesario evaluar la oportunidad de conflicto sin conflictos y emociones negativas que pueden venir con la violación de esas reglas y si las consecuencias realmente importan. Si bien las reglas son importantes, es posible que debas pensar en reescribirlas si pasas todo tu tiempo corrigiendo, instruyendo y diciendo que no.

Lo más importante, si rompes la regla tú mismo, discúlpate con tus hijos. En serio. Les enseña a ser valientes y a asumir la responsabilidad y ayuda con la relación. Las reglas de la casa deben aplicarse a todos bajo el techo, después de todo.

Considere la Personalidad

El refuerzo positivo funciona para muchos niños, pero eso no significa que el mismo sistema de recompensas funcione para todos. Cada niño es diferente, por lo que es posible que deba modificar su método de intervención en función de sus intereses. El tiempo de juego como recompensa puede funcionar para su hijo mayor, pero su hija prefiere descansos de relajación.

Sea de mente abierta

Esté preparado para tener una discusión con sus hijos y ser de mente abierta. Si tu hijo viene a ti y te dice que a sus compañeros de clase no les gusta, no niegues sus sentimientos y diga algo como:

"No seas tonto. ¡Te aman!" Como se mencionó anteriormente, lo que su hijo siente que es real, y una respuesta como esa cierra la discusión por completo, sin dejar espacio para la discusión y hacer que su hijo se sienta poco apreciado. Un mejor enfoque sería hacer preguntas para que usted pueda entender mejor a su hijo y la situación. Pregúntale algo como, "¿Qué te hace pensar de esa manera?"

Trate de entender la situación de su hijo y trabaje con él o ella para encontrar soluciones. Pero antes de hacerlo, dé a su hijo la oportunidad de ejercer el control y la toma de decisiones pidiendo primero sus ideas. Anime a sus hijos a resolver sus propios problemas porque tendrán que hacerlo en el futuro. Como padre, su deber es ayudar a su hijo a resolver las cosas ofreciendo guía y aliento. Solo ofrezca sus opiniones cuando se le pregunte.

Hable sobre sus sentimientos

Trate de tener esta conversación tan a menudo para familiarizar a sus hijos con la externalización de sus sentimientos. Usted puede hacerlo siendo un modelo a seguir y hablar sobre cómo se siente y cómo le afectan los comportamientos de su hijo. Hacerlo les ayuda a ver las cosas desde su propia perspectiva sin culparlas. Esta conversación es crucial, ya que les ayuda a usted y a su hijo a entenderse mejor. Como se mencionó anteriormente, use la declaración "Yo" cuando hable sobre sus sentimientos, describa el comportamiento tal como lo ve (no a la persona) y solicite lo que desea que hagan en su lugar. Si es posible, trate de involucrar a los niños mayores para que ayuden a encontrar soluciones.

Walk the Talk

Cumple con tus promesas, te guste o no. Esto ayuda a fomentar la confianza y a crear respeto mutuo. Sus hijos aprenderán que pueden confiar en usted y que ustedes no los defraudarán cuando les prometan algo. También aprenderán a no tratar de convencerte de que cambies de opinión cuando les hayas dicho sobre las consecuencias de que rompan las reglas.

Cuando sus hijos experimenten las consecuencias de sus acciones, no se intertadee. Aprenderán a desvincularte de la disciplina.

Responsabilidad del Delegado

Presente a sus hijos la responsabilidad desde el principio dándoles las tareas o las cosas que pueden hacer ayuda en la casa. Dales mucha práctica para que puedan mejorar en ello y elogiarlos por desarrollar su autoestima. Necesitan hacer las tareas alrededor de la casa en el futuro de todos modos, por lo que es mejor darles la formación que necesitan a partir de ahora.

Replantear

En el refuerzo positivo, es necesario centrarse en lo positivo. Por lo tanto, intente reenmarcar sus solicitudes para ser más positivo. En lugar de decirles a sus hijos lo que no quiere que hagan, dígales lo que quiere que hagan en su lugar. Por ejemplo, diles a tus hijos que salgan y jueguen al fútbol es mucho mejor que decirles que dejen de jugar videojuegos. Lo mismo ocurre con las reglas. Las reglas positivas son mejores que las negativas porque guían los comportamientos de sus hijos de una manera positiva.

Palabras de refuerzo positivo

Aparte de lo que hemos descrito anteriormente, es necesario cultivar un ambiente positivo en el hogar mediante el uso de palabras que apoyan refuerzos positivos. Estas palabras que estoy a punto de mostrar que se pueden utilizar en muchas situaciones casuales. Recuerda, el refuerzo positivo (y los elogios) sólo es eficaz cuando lo dices como lo dices en serio. Asegúrate de que tu cuerpo le diga a tus hijos que realmente quieres decir lo que dices.

- Me impresiona que hayas logrado callarte mientras haces tu tarea mientras terminaba ese papeleo, como te pedí.

- Sabía que podías averiguar cómo resolver este problema por ti mismo. ¡Buen trabajo!

- Me gusta cómo muestra respeto en la forma en que habló con su maestro esta mañana.

- Tu turno de jugar está llegando. Estoy orgulloso de verte ser tan paciente.

- Gracias por volver a casa a tiempo.

- ¡Me impresiona que hayas decidido limpiar tu habitación sin mí, ni siquiera preguntando! Te diré algo, iremos a Taco Bell después de la escuela hoy como recompensa por tu arduo trabajo.

- Me gusta el color que eliges para la ropa del perro

- Me preocupaba que te quedaras fuera más tiempo del que dijiste que lo harías. Me alegra que vuelvas a tiempo.

Los adolescentes requieren un enfoque ligeramente diferente para el refuerzo positivo, como hemos mencionado anteriormente. Aparte de elogiarlos en privado en lugar de en público, usted tiene un enfoque mucho más integral. Aquí, puede utilizar el proceso de investigación apreciativa para animar a su hijo adolescente a reflexionar. La investigación apreciativa sigue algunos principios fundamentales. Animan a los adolescentes a apreciar el presente, imaginar el ideal y tomar medidas en este momento.

La idea detrás de estos principios fundamentales es alentar a los adolescentes a ser optimistas sobre su situación actual, ser claros y precisos sobre sus objetivos, y tomar medidas para acercarlos a esos objetivos. El proceso de investigación apreciativo nos mantiene en el camino pidiéndonos tres cosas: AIA – Apreciar, Imaginar y Actuar:

- Apreciar

- ¿Te sientes bien con esta situación?

- Si no, ¿te estás centrando sólo en lo que no quieres de esta situación?

- ¿Cómo puedes cambiar tu punto de vista de una manera de ver más del lado positivo de las cosas que quieres de esta situación?

- Imagínese:

- ¿Eres preciso sobre lo que quieres?

- ¿Estás prestando atención a lo que quieres?

- Si no te sientes bien o contento, ¿te estás centrando en lo que quieres?

- Acto:

- ¿Sus acciones y pensamientos son consistentes con sus deseos?

- ¿Es lo que estás haciendo, diciendo y pensando alinearte con lo que quieres?

- Si no, ¿qué puedes hacer para ayudarte a acercarte a tu objetivo?

Frases a evitar

Como se mencionó anteriormente, los niños son muy receptivos a las palabras que usted dice. Si los llamas nombres desagradables, pueden interiorizar esos nombres y convertirse en la misma persona que los llamas. Dicho esto, aquí hay algunas frases que debe evitar:

1. "Ahora no, estoy ocupado." Esto implica que lo que tengan que decir o mostrarle no es importante. Al menos, no más importante que lo que estás haciendo en este momento. Si desarrollas un patrón de ignorar a tus hijos cuando son pequeños, ellos recibirán el mensaje de que no estás interesado en lo que tienen que decir. Esto puede conducir a problemas en el futuro porque serán menos propensos a compartir a medida que envejecen, y la falta de comunicación hará que sea muy difícil para los padres. Además, los niños son más propensos a tener malos hábitos cuando ven que sus padres los dejan a sus propios dispositivos.

2. "¿Por qué eres tan malo con tu hermano?" - Este es un acto de etiquetado, que es algo que debes evitar a toda costa. Los padres les envían mensajes muy poderosos etiquetándolos. Cuando son pequeños, los niños tienden a creer lo que oyen, incluso si es algo negativo sobre sí mismos. No cuestionan la etiqueta. Simplemente los aceptan e incluso pueden convertirse en una profecía autocumplida. Su hijo puede comenzar a pensar en sí mismo de esa manera, por lo tanto socavando su confianza. De hecho, incluso las etiquetas que parecen ser neutrales o positivas pueden limitar o poner expectativas innecesarias en ellas. Por ejemplo, la etiqueta inteligente significa que usted espera que su hijo tenga un

buen desempeño en la escuela, mientras que la etiqueta límite limita su desempeño social. Por lo tanto, usted debe en su lugar abordar un comportamiento específico y dejar la etiqueta (adjetivo) sobre la personalidad de su hijo fuera de ella.

3. "No te enfades." - Ten en cuenta que todos los sentimientos son válidos. Si bien nuestro instinto parental exige que protejamos a nuestros hijos de sentir cualquier emoción negativa, no debes negarles esos sentimientos. En realidad, no hay manera equivocada de sentirse en cualquier situación. Después de todo, vemos las cosas de otra manera. Por lo tanto, en su lugar, debe validar sus sentimientos.

4. "¿Por qué no puedes ser más como tu hermano?" - Una de las peores cosas que puedes hacer con tus hijos es compararlos con su hermano o con otra persona. Esto implica que desea que su hijo sea alguien diferente. Esto también puede llevar al resentimiento entre el niño, usted y con quien los compare. Es fácil ver por qué los padres harían esto. Todos necesitamos algún tipo de marco de referencia para el comportamiento o los hitos de nuestros hijos. Sin embargo, hacer comparaciones de esta manera no alienta a los niños a cambiar su comportamiento. En cambio, sólo socavará su confianza.

5. "¡Deberías saberlo mejor!" - Tenga en cuenta que el aprendizaje puede ser un proceso de prueba y error. Esto es

especialmente cierto para los niños que acaban de empezar a explorar el mundo que los rodea. Realmente no saben nada mejor que eso. Por lo tanto, cuando usas frases como esta, socavas su disposición a aprender y probar cosas nuevas. Esto no es de apoyo ni productivo para el crecimiento del niño. Por lo tanto, corte a su hijo un poco flojo y darle el beneficio de la duda. En lugar de culparlos, ayúdeles a aprender de sus errores para evitar que ocurran problemas similares en el futuro.

6. "Si lo haces una vez más, estarás en grandes problemas." - Esto está amenazando a tu hijo, lo cual está mal en tantos niveles. Las amenazas no son una manera de fomentar el cambio en los niños. Cuanto más joven sea su hijo, más tiempo tardará en entenderlo. Muchos estudios han demostrado que no importa qué método de disciplina utilice, los niños alrededor de la edad de dos años tienen un 80% más de probabilidades de cometer los mismos errores de nuevo en el mismo día. Por lo tanto, en lugar de amenazar a sus hijos con el castigo, usted necesita desarrollar un repertorio de estrategias positivas tales como redirección, uso de consecuencias naturales, o la remoción del niño del problema.

7. "¡Espera a que papá/mamá llegue a casa!" - Esta es una extensión de las amenazas de castigo que hemos discutido anteriormente. Cuando se desconecta el castigo de las acciones de los niños, su efecto es mínimo. Para que sea

eficaz, es necesario abordar la situación de inmediato. Si retrasas el castigo o trasladas la responsabilidad del castigo a otra persona, socava tu autoridad.

8. "¡Apúrate!" - Considera tu tono cuando hables con los niños, especialmente cuando le pidas a tu hijo que se apresure. Los niños tienden a sentirse culpables por ralentizar a sus padres. Implorar a sus hijos que se apresuren les hace sentir mal, pero no los hace moverse más rápido. En su lugar, busque maneras tranquilas de acelerar las cosas.

9. "¡Buen chico!" - Dar elogios es algo bueno, pero las alabanzas vagas son ineficaces. Cuando sus cumplidos son indiscriminados, los niños tienden a confundirse. Ellos no saben exactamente lo que justificaba su elogio. Además, también conocen la diferencia entre elogios porque hicieron algo que requiere un esfuerzo real, que es más satisfactorio y elogios para algo simple. Para lograr el máximo efecto, solo elogie a sus hijos por las cosas que requieren un esfuerzo real y asegúrese de que usted es específico con sus elogios, y elogie el comportamiento (no el niño).

En conclusión

Las relaciones familiares son una parte importante de nuestra vida, ya que a menudo ofrecen algunas de las experiencias más significativas e intensas de cómo una función familiar en su conjunto puede traer a los niños alegría, un sentido de pertenencia, aceptación, confianza y amor, o nada de ello. Es en nuestro mejor interés para centrarnos en lo que puede hacer para sacar lo mejor de sus hijos, a pesar de que va a ser una tarea difícil. La crianza es una gran responsabilidad, y está llena de mucha frustración, ansiedad y noches de insomnio.

Tenga en cuenta que lo que preste atención a puede nutrir o arruinar el mundo que está construyendo para usted y sus hijos.

Los niños nacidos en este mundo necesitan saber que sus padres tienen ciertos niveles de expectativa de ellos y que cualquier cosa que hagan tiene consecuencias. Al mismo tiempo, saben tan poco a su temprana edad que no se puede esperar que sepan qué hacer en una circunstancia dada. Por lo tanto, también necesitas comunicar el hecho de que todavía los amas y los aceptas sin importar quiénes sean, pase lo que pase. En un mundo donde nada es seguro, al menos pueden estar seguros de que estás ahí para ellos cuando necesitan apoyo emocional.

El Fenómeno de Miguel Angel señala cómo somos moldeados por las personas que nos rodean, especialmente las que están más cerca de nosotros. Después de todo, los pájaros de una pluma se juntan. Para tus hijos, estás más cerca de ellos. Por lo tanto, usted tiene la mayor influencia en sus personalidades y potencial. Por lo tanto, la carga recae en usted para ayudar a su hijo a dar forma a su yo ideal afirmando su potencial, animándolo sin tener que expresar valiosos rasgos de personalidad, así como creando un ambiente en el que su hijo pueda sentirse seguro.

Capítulo 6

Disciplina Positiva

Cuando la gente menciona la palabra "disciplina", parece implicar tener una consecuencia negativa. En realidad, la palabra en sí se define como entrenamiento que moldea, corrige o perfecciona las facultades mentales o el carácter moral. Cuando dices la definición de esta manera, la disciplina no suena tan mal. De hecho, la disciplina es absolutamente necesaria para todos nosotros.

La definición misma nos instruye a no ser tiranos, sino como maestros. Debido a que somos responsables de enseñar a nuestros hijos, debemos asegurarnos de enseñar a nuestros hijos todas las cosas correctas. La disciplina positiva es otro elemento del estilo de crianza autorizado o del estilo de crianza positivo. La disciplina positiva no es agresiva, violenta ni crítica.

El castigo físico, como las nalgadas, nunca es una respuesta. No fomenta el cambio de comportamiento en los niños y sólo servirá para causar resentimiento, lo que socava aún más el apego padre-hijo que ya es frágil en primer lugar. Además, este castigo puede incluso causar traumas emocionales en sus hijos. El castigo nunca es la respuesta.

Hay cuatro consecuencias negativas principales del castigo físico, que son las 4R:

- Resentimiento: Tus hijos te odiarán y no confiarán en ti

- Venganza: Tus hijos encontrarán maneras de vengarte por lo que les has hecho:

- Rebelión: Tus hijos no escucharán y harán todas las cosas que no quieres que hagan

- Retiro: Sus hijos simplemente huyen para escapar de su control

- Hay cinco criterios principales para la disciplina positiva que usted necesita abrazar si desea ser padres eficaces:

- Amable pero firme

- Promover el sentido de pertenencia y significado de los niños

- Beneficios a largo plazo

- Enseñar valiosas lecciones y habilidades de vida

- Ayudar a los niños a desarrollar confianza

Aparte de eso, hay muchos aspectos clave de la disciplina positiva, entre ellos están la empatía, el respeto por sí mismo, lo que no es violento, respetuoso y más. En otras palabras, la disciplina positiva tiene que ver con un respeto mutuo. Les dice a sus hijos que no importa cuán pobre, pequeña, impotente o vulnerable sea una persona, esa persona merece al menos ser tratada como un ser humano, lo cual es una lección muy poderosa que el mundo necesita aprender.

Así que ahora que entendemos que la disciplina positiva no implica el uso del castigo, ¿qué implica exactamente? Se trata de lo siguiente:

- Principio de respeto mutuo: Tratar a su hijo de la manera en que desea que lo traten a sí mismo

- Principio de gran trato: Usar refuerzo positivo de la manera correcta para alentar y recompensar los comportamientos deseables

- Principio alternativo: Dé a su hijo un comportamiento alternativo y deseado para reemplazar al indeseable.

- Principio de elección: Cuando reemplace el mal comportamiento por uno positivo, dé a su hijo al menos dos opciones a qué comportamientos positivos desea. Esto les da una sensación de empoderamiento.

- Abusar de ella/perder el principio: Asegúrese de quitarle la recompensa en el momento en que su hijo rompa la regla.

- Conéctese antes del principio correcto: Procure entender primero a sus hijos haciéndoles sentir amados y cuidados antes de intentar abordar sus problemas de comportamiento.

- Principio de validación: Valide los sentimientos del niño. Siempre.

- Buena cabeza sobre el principio de los hombros: Asegúrese de alabar a sus hijos a lo largo de esta línea siempre que sea aplicable. De esa manera, los alientas a sentirse capaces, empoderados y en control. Esto es particularmente eficaz para los adolescentes.

- Pertenencia y significado: Asegúrese de que sus hijos se sientan importantes, apreciados y que pertenezcan.

- Timer dice principio: Para ayudar a sus hijos a establecer una rutina firme desde el principio, vale la pena tener un temporizador para ayudarlos a hacer transiciones de una actividad a la otra.

La crianza positiva es uno de los cuatro enfoques que los padres toman para modificar el comportamiento de sus hijos basado en la teoría del condicionamiento de los operandos. Estos cuatro métodos se basan en dos elementos:

- Si usted está tratando de alentar (reforzar) o desalentar (castigar) ciertos comportamientos

- Si usted está agregando una recompensa para alentar (positiva) o quitar una recompensa (negativa) de dichos comportamientos

Los cuatro tipos de enfoques de modificación del comportamiento son:

- Castigo positivo, que añade algo desagradable para desalentar los comportamientos

- Refuerzo positivo, que añade algo agradable para fomentar comportamientos

- Refuerzo negativo, que quita algo desagradable para fomentar comportamientos

- Castigo negativo, que quita algo agradable para desalentar los comportamientos

Inicialmente, es difícil entender estos conceptos porque el término "positivo" y "negativo" no implica necesariamente que algo es bueno o malo.

Teoría del Acondicionamiento Operativo

Para entender exactamente cuán efectiva es la crianza positiva, también necesitamos entender la teoría del condicionamiento de los operandos. Se ha aplicado al entrenamiento animal y al desarrollo humano por igual.

El conductista B. F. Skinner desarrolló esta teoría del condicionamiento de los operandos, y su trabajo vale la pena echar un vistazo si usted está interesado. En resumen, esta teoría se basa en el sistema de recompensa y castigo. Cuando tendemos a participar en un comportamiento que nos recompensa y deja de hacerlo cuando nos castiga. Asociamos nuestras acciones con consecuencias inmediatas. Así es como los seres humanos en tiempos antiguos aprenden lo que es bueno y malo – a través de pruebas y errores. Cuando somos alentados y recompensados por algo que hacemos, ese comportamiento se refuerza. Por otro lado, cuando somos castigados por ello, tendemos a evitar hacerlo de nuevo.

Ahora, examinemos la diferencia entre el castigo positivo y el refuerzo negativo, así como el refuerzo positivo y el castigo negativo.

Castigo positivo y refuerzo negativo

Aquí, el refuerzo positivo se esfuerza por fomentar el cambio en el comportamiento agregando algo desagradable, empujando así a los niños a dejar de participar en ciertos comportamientos. Mientras tanto, el refuerzo negativo fomenta el cambio de comportamiento al quitar algo desagradable, por lo tanto, fomentar un comportamiento.

La diferencia entre los dos es que el castigo positivo busca desalentar el mal comportamiento haciendo desagradable para el niño, mientras que el refuerzo negativo busca fomentar el buen comportamiento quitando el elemento desagradable de dicho comportamiento.

Por ejemplo, un castigo positivo significa azotar a su hijo cuando lanza un berrinche. Aquí, desalientas su comportamiento negativo trayendo el dolor como consecuencia directa. Por otro lado, el refuerzo negativo significa eliminar las restricciones a su hija cuando sigue la regla de la casa. En este caso, la animas a seguir las reglas quitándoles algunas de ellas cuando lo hace.

Castigo positivo y refuerzo positivo

La única diferencia entre el castigo positivo y el refuerzo positivo es si desea alentar o desalentar el comportamiento. Ambos enfoques intentan alterar los comportamientos añadiendo una consecuencia directa al comportamiento, que puede ser algo agradable para fomentar el comportamiento (refuerzo positivo) o algo desagradable para desalentar a uno (castigo positivo).

Por ejemplo, el refuerzo positivo es llevar a su hijo a Pizza Hut cuando se queda callado cuando lo lleva a la escuela. Aquí, su silencio en el camino se refuerza porque se añade algo agradable, que lo está llevando a Pizza Hut. De esa manera, su hijo entenderá que conseguirá pizzas si se comporta. Así que es más probable que se comporte en el futuro.

Castigo positivo en la práctica

Hay muchas maneras de usar el castigo positivo para fomentar el cambio de comportamiento. Incluyen:

- Gritando

- Obligar a los niños a hacer tareas desagradables

- Adición de tareas y responsabilidades

- Implementar más reglas

Por supuesto, todos estos castigos no son realmente buenas maneras de desalentar los comportamientos, especialmente para los niños. Estas son algunas de las cosas que debe evitar hacerle a sus hijos.

Refuerzo negativo en la práctica

Entonces, ¿cómo es el refuerzo negativo en la práctica?

- Dejar que su hijo tenga un día libre de las tareas

- Ampliación del toque de queda

- Dar más tiempo en la TV

- Eliminar algunas reglas de la casa

Efectos del castigo positivo

Mientras que el castigo suena negativo, no tiene que ser. En el condicionamiento de operandos, el castigo es sólo un medio para desalentar un comportamiento. El castigo puede ser algo tan ligero como sentar a su hijo y explicarle por qué no debe hacer eso.

Los resultados positivos de los castigos positivos incluyen:

- Se le informa a su hijo que todo lo que hizo no es tolerado y entiende que no debe hacerlo en el futuro

- A su hijo se le da un castigo o tiene que sufrir una consecuencia negativa, lo que le dice que su comportamiento tiene consecuencias y con suerte lo desalentará de hacerlo de nuevo en el futuro

- Su hijo tiene una buena razón para comportarse adecuadamente en el futuro

- También hay algunas desventajas a tener en cuenta al usar el castigo positivo:

- El comportamiento castigado sólo se suprime, lo que significa que puede regresar en el futuro si el castigo ya no está allí

- Podría hacer que el niño sea agresivo porque puede llevar al niño a creer que la agresión es la manera de resolver problemas. Esto sucederá para ciertos tipos de castigo, por supuesto.

- Puede crear miedo que se puede aplicar a otras situaciones. Por ejemplo, si un niño es castigado por ser perturbador, puede comenzar a temer situaciones sociales.

- No necesariamente alienta a los niños a comportarse de una manera deseable. Simplemente le dice a su hijo lo que no debe hacer, por lo que necesita decirle a su hijo lo que debe hacer.

Para maximizar la eficacia del castigo positivo, también es necesario lanzar un refuerzo positivo en igual medida. De esa manera, usted tiene una mezcla saludable de recompensas por el buen comportamiento y el castigo para los malos. Tanto el refuerzo positivo como los castigos positivos son necesarios para la crianza positiva.

Por ejemplo, el refuerzo positivo fomenta el buen comportamiento, pero no dice lo que el niño no debe hacer. Aquí es donde entra en acción el castigo positivo. Le dice al niño lo que no debe hacer, pero su debilidad es que no le dice qué hacer, pero este vacío ya se ha llenado si también practica el refuerzo positivo. Estos dos métodos se complementan perfectamente.

Cualquier defecto que quede entre estos dos a menudo se mitiga cuando practicas tanto el refuerzo positivo como el castigo positivo, así como comunicas claramente lo que esperas ver de tus hijos.

Uso del castigo positivo

Lo mejor del castigo positivo es que usted todavía puede disciplinar a su hijo sin ponerse físico, lo que ya hemos discutido anteriormente. Hay muchas maneras de implementar el castigo positivo:

- Hacer las consecuencias en blanco y negro: Deje claro que un comportamiento tiene una consecuencia directa, sin importar la razón detrás del comportamiento de cómo sus hijos se sienten acerca de la consecuencia. Si lo hacen, tienen que enfrentar las consecuencias. No hay preguntas.

- Use consecuencias significativas: La consecuencia debe ser lo suficientemente desagradable, y también debe estar asociada con el comportamiento, así como con la lección que desea que sus hijos aprendan de él.

- Hablar: Dependiendo de la violación, hablar solo es un castigo en sí mismo. Pero se puede utilizar además del castigo para tratar de entender mejor la situación.

- No se mete en una discusión: Los niños pueden lanzar berrinches, y los adolescentes pueden actuar apáticos a su castigo. Cualquiera que sea el caso, no se sienta tentado a entrar en una discusión con ellos sobre el castigo. Sé firme en tu castigo.

- Participe en el interés de su hijo: Haga a sus hijos algunas preguntas como "¿Qué hará para no meterse en problemas como este la próxima vez?" Debido a que los niños quieren evitar el castigo, ayuda si usted les pide que piensen en cómo pueden comportarse mejor para no ser castigados de nuevo.

- Responsabise de su hijo: Asegúrese de que usted responsabile a su hijo de su comportamiento, ya sea que se preocupe por el castigo o no. Lo importante aquí es su comportamiento, no sus emociones o cuánto les importa el castigo.

- No muestre disgusto, desdén o sarcasmo: Todo el punto del castigo positivo es enseñara a su hijo a dejar de comportarse mal, no a degradarlos.

Otra cosa que vale la pena tener en cuenta cuando practicas el castigo positivo es que hay límites para él. Por ejemplo, si usted castiga a sus hijos, sólo harán su tiempo, pero no les muestra cómo hacerlo mejor la próxima vez. Peor aún, los niños que con frecuencia son castigados eventualmente se acostumbran a él después de haber desarrollado maneras de hacer frente al castigo, pero todavía pueden no entender y aprender lo que usted quiere enseñarles.

Por lo tanto, la puesta a tierra no es necesariamente un buen castigo. En su lugar, dígales a sus hijos lo que deben hacer la próxima vez.

La puesta a tierra sólo restringe lo que pueden y no pueden hacer. Además, no da a los niños la opción de comportarse adecuadamente o no. De hecho, la fundamentación puede parecer tan restrictiva que no da a los niños la oportunidad de aprender de sus errores y tomar mejores decisiones, por lo tanto no promover el crecimiento.

El castigo positivo sólo debilita los comportamientos, como se mencionó anteriormente. Esto no significa necesariamente que los niños dejen de comportarse incorrectamente para siempre. En algunos casos, si un niño teme ser castigado, en cambio puede comportarse mal cuando usted no está mirando en lugar de dejar caer el mal comportamiento y aprender comportamientos positivos. Se comportarán correctamente cuando puedas verlos, pero eso es sólo porque no les gusta ser castigados. Es por eso que necesitas practicar el castigo positivo con un refuerzo positivo.

En conclusión

Dependiendo de cómo aplique saque sano positivo, puede ser muy eficaz o no ser efectivo en absoluto. Depende de si el castigo es proporcional a la gravedad del comportamiento. Con esto, puede desalentar eficazmente los comportamientos en los niños. Si se hace incorrectamente, sus hijos perderán el punto por completo e incluso pueden conducir a problemas de salud mental.

Con un poco de sentido común y la información de esta sección, no debería tener ningún problema en implementar el refuerzo positivo en los métodos de crianza para fomentar el buen comportamiento.

Capítulo 7

Desarrollo de la Resiliencia en los Niños

Todo el mundo ha oído el término "lo que no te mata te hace más fuerte". En realidad, aunque no mata a la mayoría de nosotros, muchos de nosotros nos sentimos muertos por dentro cuando les sucede un adversario. Algunos desafortunados pocos se volvieron hacia una solución más permanente a un problema temporal.

Mientras que otros se desmoronan, algunas personas lograron capear la tormenta y salir de todo con una sonrisa brillante. A pesar de que su vida se está desmoronando a su alrededor, todavía pueden sonreír y seguir su día.

¿Qué es lo que protege a estas personas de los traumas emocionales en nuestras vidas? Esto es exactamente lo que la psicología positiva busca entender. Esta armadura protectora se llama "resiliencia".

La realidad es que llegará un día en que nosotros, como padres, ya no somos capaces de proteger a nuestros hijos de la dura realidad de la vida. Necesitan mudarse y vivir por su cuenta. Tienen toda una vida por delante. Por duro que parezca, pero los niños nunca crecerán y se convertirán en adultos si los seguimos protegiéndolos de todo tipo de daño. Por estas razones, es mejor enseñar a nuestros hijos a ser resistentes.

Lo que pasa con la resiliencia es que cuanto antes empieces, mejor. Piense en los niños como un lienzo en blanco. Puede dar forma a una imagen en el lienzo muy fácilmente cuando está en blanco. Al igual que el lienzo, los niños son más susceptibles de cambiar porque sus personalidades y cerebros todavía se están desarrollando. Además, también son más vulnerables a los factores estresantes. Por lo tanto, ahora es el mejor momento para comenzar a desarrollar su resiliencia para resistir traumas emocionales y potencialmente prevenir resultados negativos.

En este capítulo, les mostraré exactamente por qué la resiliencia es importante en los niños y cómo pueden desarrollarla en sus propios hijos.

¿Qué es la resiliencia? ¿Por qué es tan importante?

La resiliencia describe a un sobreviviente más que a un vencedor debido al hecho de que es la capacidad de una persona para superar circunstancias desafiantes o incluso amenazantes. Un individuo resiliente no es invulnerable al dolor emocional y al sufrimiento. Son igual de vulnerables, excepto que perseveran y lo logran.

La resiliencia no es una superpotencia, ni es automática ni heredada. Es un comportamiento aprendido que se interioriza y entra en vigor cuando la persona se estresa. La resiliencia permite a sus hijos mantener el control y superar los desafíos en sus vidas.

Como con cualquier cosa psicológica, la resiliencia no es sólo una habilidad. Es un conjunto de habilidades, cada una de las cuales se utilizará conjuntamente unos con otros dependiendo de la situación.

Hay una cosa que sabemos con certeza en la vida. Es el hecho de que, en ciertos momentos de nuestras vidas, seremos miserables. Si bien las diferentes generaciones se enfrentan a desafíos únicos, sólo demuestra que lo que solíamos enfrentar en el pasado puede ya no ser relevante para nuestros hijos hoy en día.

Aunque tenemos tan poco control sobre el medio ambiente alrededor de nuestros hijos, podemos enseñarles una cosa importante: la respuesta. Cuando te enfrentas a una caída pronunciada en la vida, puedes destrozarte al impactar o recuperarte, según el Dr. Gregg Steinberg, en su Ted Talk, usando nuestra dolorosa experiencia como cincel para liberar a nuestro yo auténtico, para convertirnos en la persona que estamos destinados a ser. Aunque las situaciones a las que se enfrentan los niños en estos tiempos son únicas, y a diferencia de todo lo que hemos visto antes, también hay muchos elementos psicológicos y ambientales que resultan invaluables en la protección de los niños.

No se puede sobrecargar la importancia de desarrollar resiliencia en los niños lo antes posible. Cuanto antes capten la idea y desarrollen las habilidades necesarias, más pronto podrán hacer frente a la adversidad, evitando así que se produzcan traumas emocionales a largo plazo.

Diferentes enfoques para la resiliencia

Para ayudarle a crear una manera de desarrollar la resiliencia en los niños, primero debe entender cómo se desarrolla la resiliencia en los niños. Hay tres enfoques principales para esto:

El enfoque compensatorio: Como su nombre indica, este enfoque se caracteriza por la contrarresta la influencia negativa del medio ambiente con una influencia positiva. Por ejemplo, con el fin de proteger a los niños de los peligros del vecindario, se recomienda la supervisión de los padres.

El enfoque del factor de protección: Este enfoque utiliza un enfoque más práctico en comparación con el enfoque compensatorio. Aquí, los padres emplean medidas de protección para proteger a los niños de los daños.

El modelo de desafío se caracteriza por la cita: "Lo que no te mata te hace más fuerte". El problema aquí es saber exactamente lo que no te mata. Es un concepto complicado de aplicar porque depende de la naturaleza y el grado del riesgo en sí. Por ejemplo, se podría pensar que un niño de una familia militar que tiene que pasar de una escuela a otra tendría problemas con la socialización. En algunos casos, tales transiciones pueden enseñar al niño cómo hacer conexiones profundas y significativas con las personas. Es la misma situación, pero hay muchas otras variables que no caen bajo su control, como el temperamento del niño, la inteligencia, el apoyo social, etc.

Mientras que todos estos modelos le dan una idea de lo que es la resiliencia y cómo se forma, necesita ejemplos de la vida real para determinar cómo se ve. Antes de que podamos proceder a desarrollar resiliencia en los niños, necesitamos una manera de determinar si alguien tiene resiliencia.

La resiliencia es algo que no sabes que realmente tienes hasta que empiezas a usarlo. La gente no sabe que son muy resistentes hasta que ven a sus compañeros colapsuan bajo la misma circunstancia. A través de esto, podemos ver la resiliencia como un seguro emocional. Podemos medir la resiliencia de los niños de dos maneras:

- Objetivos de desarrollo: Un niño resiliente es el que es capaz de cumplir con las metas de desarrollo para su edad, tales como ser capaz de caminar, hablar, hacer amigos, etc.

- Resultado conductual y psicológico adaptativo: Los niños se consideran resistentes si experimentan resultados positivos como alcanzar relaciones profundas y significativas con sus compañeros, logros académicos y bienestar emocional.

Pero estas son sólo teorías. Veamos algunas de las situaciones más atroces y cómo los niños resilientes se suben a la cima.

Ejemplos de niños resilientes

Un gran ejemplo proviene de finales de la década de 1990 en orfanatos rumanos. Nadie conoce realmente la situación de esos establecimientos hasta que fue ditida por los periodistas. Los niños allí sufrieron un caso extremo de negligencia, privación y retrasos en el desarrollo. Nadie esperaba que estos niños prosperaran incluso después de que su situación haya sido enmendada. Esos niños pobres pronto fueron adoptados en hogares adecuados y nutritivos después. Muchos de ellos comienzan a alcanzar sus metas de desarrollo y parecen prosperar. Por supuesto, los traumas que sufrieron no desaparecieron ni siquiera cuando alcanzaron la edad adulta. Sin embargo, lo que fue impresionante aquí es el hecho de que estos niños sobrevivieron ante grandes probabilidades e incluso prosperaron. Este es un gran ejemplo de resiliencia.

Otro ejemplo de resiliencia en la infancia es el tsunami de 2004 en Sri Lanka. El tsunami devastó todo el país, matando a decenas de miles de vidas y desplazando a millones a su paso, entre las que había niños. Estos niños sufrieron grandes pérdidas al perder sus hogares y a su familia. Una vez más, no es probable que esos traumas desaparezcan, pero algunos niños lograron superar esta dificultad y prosperaron, mostrando acontecimientos saludables y cumpliendo con sus hitos del desarrollo.

Entonces, ¿qué les dio exactamente a estos niños la fuerza para sobrevivir en circunstancias tan difíciles? Se han realizado muchos estudios sobre casos similares, y todos están de acuerdo en que estos niños sólo experimentan un desarrollo saludable incluso después de tales eventos traumáticos debido a su sólida relación madre-hijo. Este vínculo da a los niños la fuerza para soportar la influencia negativa de estos eventos traumáticos.

Los padres podrían aprender mucho de Ted Talk de Michael Kalous sobre la resiliencia en los niños. En su presentación, habló de algunas de las situaciones más dolorosas por las que los niños tuvieron que pasar y de alguna manera salieron en la cima. Entre sus ejemplos estaba su propia historia de vida de su propia infancia traumática en la que había sufrido abuso sin extremo e inestabilidad.

A pesar de su desafortunada situación, Kaloud había mostrado un gran progreso en el desarrollo como podemos verlo hoy. Cuando se le preguntó cómo era capaz de superar sus dificultades a pesar de que habría empañado permanentemente a cualquier otra persona, señaló sus propios cinco mecanismos de protección:

- Propósito: El factor más importante para la motivación es un propósito. Da valor y significado a lo que hacemos. Impulsa a la gente hacia adelante a pesar de todas las dificultades en su camino.

- Héroe: Un héroe sirve como modelo a seguir para los niños. Ese héroe puede ser un personaje ficticio como Superman o una persona común y corriente, como el padre o la madre del niño. Un niño se volverá hacia este héroe y se preguntará qué haría el héroe en esta situación y luego actuará. Por lo tanto, este héroe sirve como una brújula espiritual o moral.

- Refugio: Cuando las cosas se ponen difíciles, todos tenemos que tomar un descanso de la situación estresante e ir a donde nos sentimos más seguros y a gusto. Los niños necesitan tener este lugar donde puedan calmarse. Este lugar es generalmente el hogar, en el que pueden permanecer para hacer frente a los factores estresantes en la escuela. Es por eso que necesita mantener un aire positivo en la casa. Los niños pasan la mayor parte del tiempo en casa y en la escuela. La escuela ya es lo suficientemente estresante, y no se puede hacer nada para cambiar eso. Sin embargo, puede administrar el ambiente del hogar, así que manténgalo positivo para dar a los niños un respiro.

- Soledad: A veces, estar en un lugar relajante no es suficiente. Es posible que los niños necesiten estar solos, especialmente después de un evento agitado. Este lugar debe ser donde los niños pueden tener un poco de privacidad. Su habitación es un buen ejemplo. Alternativamente, el parque o cualquier otro lugar donde los niños pueden estar cerca de la naturaleza también les da la paz que necesitan.

- Voz: Un principio clave del refuerzo positivo es la elección. Dar a sus hijos una opinión en el asunto es importante, ya que pueden fomentar su propio sentido de independencia. Necesitan aprender a decidir por sí mismos en el futuro. Además, darles la oportunidad de expresar sus propias opiniones y sentimientos le permite comprender su punto de vista y necesitar mejor.

Fuentes de resiliencia

Para que ayudemos a los niños a construir su reservorio de resiliencia, necesitamos entender de dónde viene primero la resiliencia. Hay tres fuentes principales:

- Yo SOY: Esta fuente se refiere a las cualidades innatas de los niños, tales como su temperamento, personalidad, creencias, valores, actitudes y emociones.

- Tengo: Esta fuente se refiere a las influencias externas y con qué tienen que trabajar los niños, como las circunstancias familiares, el vecindario o la economía en general.

- PUEDO: Esta fuente se refiere a lo que los niños pueden hacer sobre su situación actual, que es una combinación de las dos fuentes anteriores y sus habilidades, tales como habilidades interpersonales y sociales.

Cuando usted clasifica todas las cualidades de construcción de resiliencia en estas tres categorías, puede identificar fácilmente las fuentes de las fortalezas de su hijo, así como su naturaleza. Por supuesto, un niño depende de más de una de las tres fuentes de las que extrae resiliencia.

Vale la pena mencionar que identificar las fuentes de resiliencia de los niños es más fácil decirlo que hacerlo. Por un lado, requiere una observación aguda por parte del padre para notar cómo sus hijos siguen siendo positivos y resiliencia. Otro problema es determinar en qué fuente se basa más el niño. Sin embargo, debe proporcionar el entorno adecuado para maximizar el efecto de estas cualidades, y esto requiere que identifique estas fuentes.

Cómo criar niños resilientes

No debería sorprender a nadie que la familia sea clave para desarrollar niños resilientes. Los niños pasan la mayor parte de su vida temprana en casa, por lo que son susceptibles a todo lo que sucede en el hogar. Por lo tanto, tiene sentido cultivar un ambiente positivo para ellos para promover cualidades positivas y resilientes en los niños. Puede hacerlo proporcionando un entorno de apoyo con comunicación abierta y bidireccional, así como empleando prácticas de crianza eficaces. Con estos métodos simples, los niños ya están en camino de desarrollar resiliencia. Aparte de eso, usted puede tener una mayor influencia en la capacidad de resiliencia de los niños practicando pro-crianza social.

Cuando se trata de cultivar la resiliencia, parece que el estilo de crianza autorizado es más eficaz. La crianza autorizada es la mejor forma de crianza, ya que sus hijos reciben suficiente reconocimiento, amor, calidez, sin dejar de ser adecuadamente disciplinados y tener la carga de vivir a la altura de las altas expectativas. El único inconveniente es que es el método de crianza más difícil por ahí. En resumen, los niños son más propensos a desarrollar resiliencia cuando sus padres afirman límites consistentes, al mismo tiempo que proporcionan a los niños suficiente amor y apoyo.

También vale la pena mencionar que practicar la crianza respetuosa también ayuda a construir resiliencia y desarrollo positivo de la juventud. Eso significa que usted necesita mantener a su hijo a pesar de que pueden tener diferentes puntos de vista, opiniones o perspectivas de los suyos y permitiéndole la libertad de decidir por sí mismos. Esto puede ser difícil para los padres porque los niños son propensos a tomar las decisiones equivocadas todo el tiempo. La clave aquí es la comunicación abierta. Si usted le muestra a sus hijos que usted respeta sus decisiones, entonces están más dispuestos a aceptar el hecho de que su consejo para ellos es para su mejor interés. Si respetas sus opiniones, ellos respetarán las tuyas. Esta comprensión y respeto mutuos conducen a una relación muy positiva y significativa.

Aparte de lo que se ha descrito anteriormente, hay muchas otras maneras en que puede promover la resiliencia en los niños:

- Enseñar habilidades para resolver problemas: En lugar de resolver los problemas de sus hijos, que pueden conducir a la dependencia, en su lugar puede mostrar a sus hijos maneras de lidiar con sus propios problemas. Esto le permite proporcionar modelado de roles, así como el estímulo, cultivando aún más su sentido de autonomía y autoliderazgo.

- Ofrecer una participación significativa: En lugar de controlar lo que sus hijos pueden participar, denles rienda sin fin para perseguir sus propios intereses. Déles oportunidades para participar en las cosas que realmente les gusta hacer.

- Desarrollar la responsabilidad: Para desarrollar la autoestima y la autoeficacia de su hijo, déles algunas responsabilidades para manejar. Eso significa darles la oportunidad de ayudar en la casa o cuidar de algo. Darle a su hijo la responsabilidad puede ser difícil, pero usted necesita hacer esto para permitirles desarrollar su dominio y sentido de la responsabilidad.

- Cambios: Mientras le das a tu hijo la carga de responsabilidades, asegúrate de comunicar el hecho de que no esperas que lo hagan todo a la perfección. Asegúrese de que entiendan que se les permite cometer errores en el camino, siempre y cuando no sean intencionales y que aprendan algo de sus errores. Esto ayuda a sus hijos a descubrir sus defectos y ayudarles a mejorar.

- Identificar las fortalezas: Por otro lado, identifique en qué son buenos sus hijos y trate de ofrecer aliento y apoyo en esas áreas.

- Aceptar a los niños por lo que son: Esto es probablemente lo más difícil para algunos padres, ya que tienen una imagen de lo que quieren que sean sus hijos. Desafortunadamente, no funciona de esa manera la mayor parte del tiempo. Una combinación de personajes inherentes, fortalezas y debilidades llevará a su hijo a convertirse en un individuo determinado, y usted no puede hacer nada al respecto. No empuje a su hijo en una dirección que no quiera ir. Hacerlo sólo empeora la situación. En su lugar, anímelos a ser su propia persona.

- Escucha: Muchos padres creen que han escuchado lo suficiente a sus hijos. Más a menudo que no, no escuchamos lo suficiente a nuestros hijos. Necesitan su apoyo y atención. Escuchar no es oír. Tienes que prestar atención y entender lo que realmente están tratando de decir. De esa manera, sus hijos entenderán que usted realmente se preocupa por ellos.

- Identificar a una persona a la que ir: Los niños necesitan un plan B o algo a lo que recurrir cuando nada parece ir bien. Por esta razón, se recomienda que usted tenga un adulto de apoyo al que sus hijos vayan cuando necesiten apoyo.

- Construir empatía: La empatía es la clave para relaciones profundas y significativas. Con el fin de ayudar a sus hijos a ser socialmente aceptados, usted necesita ayudarlos a desarrollar empatía. Esto se puede hacer enseñándoles cómo sintonizar los sentimientos de otras personas y ponerse en el lugar de los demás.

Aparte de eso, puede implementar ciertas frases para redirigir cómo piensan sus hijos para ayudar a cultivar la resiliencia cuando se enfrentan a un problema:

- Humor: Aquí, usted necesita enseñar a sus hijos a ver el humor en una situación. La risa es la mejor medicina, después de todo. Una frase común aquí es: "Vamos, ríete de ello". Enseñar a sus hijos a sonreír y reír en tiempos difíciles es la clave para ayudarlos a sobrellevarlo.

- Esperanza: Una frase común aquí es, "Sé que se ve mal, pero usted conseguirá a través de esto. Creo en ti." La idea aquí es darle a su hijo optimismo, que a menudo es lo que necesitan para superar una situación difícil.

- Reformulación positiva: Aquí, puedes decir algo como, "¿Qué puedes aprender de esto para evitar que suceda en el futuro?" Aquí, la idea es ayudar a sus hijos a estudiar la situación y tratar de que vean lo positivo y posiblemente obtengan lecciones importantes de la vida de la situación. Hacerlo les ayuda a desarrollar una visión más realista de la situación y a desarrollar su flexibilidad emocional. Todo esto les ayuda a desarrollar resiliencia.

- Contener: La frase común que debe decir aquí es, "No dejes que esto arruine tu día." La idea aquí es conseguir que su hijo contenga la influencia negativa causada por el problema tomando su poder debilitante. Su hijo necesita aprender que no necesita ser perfecto.

- Distraer: Esta es una estrategia bastante simple y funciona más a menudo de lo que crees. Un error común que las personas cometen cuando se enfrentan a un problema es pensar en exceso. Hacer esto sólo exacerba aún más el problema. Este suele ser el caso cuando el problema se produce repentinamente. Una frase común utilizada para esta situación es: "Tomemos un descanso". La idea es detener el tren desordenado de los pensamientos y permitir que la mente del niño se ralentice primero antes de

- Manejar la preocupación: La idea aquí es conseguir que su hijo se abra a la idea de buscar ayuda. En algunos casos, el niño siente que necesita lidiar con el problema por sí mismo o que otros no los entenderían. Por lo tanto, haz que practiquen la búsqueda de ayuda cuando sea necesario y haz que se sientan incluidos. La frase común utilizada para esta situación es: "¿Con quién has hablado sobre esto?"

- Aceptación: A veces, el problema es más permanente o es algo fuera del control de su hijo. En este caso, es una buena idea enseñar a su hijo a aceptar la situación por lo que es y tratar de sacarle el máximo provecho. Toma, deberías decir algo como, "Cálmate. Esperemos a ver qué pasa".

- Perspectiva: La idea aquí es enseñar a su hijo cómo quitarle el poder debilitante de una situación y continuar con su día. Poner el problema en perspectiva es también otra manera eficaz de lidiar con el sobrepensar. Las frases comunes aquí incluyen "No es el fin del mundo", o "No importará en un mes".

- Pensamiento flexible: Enseñar a su hijo a pensar de una manera flexible les permite cambiar de opinión. Es una forma de decir, "Esta es una mala idea" de una manera más suave. Entonces, la frase aquí es, "Podrías tener razón, pero ¿has pensado..." Esto pone a su hijo pensando y aseguir su situación.

- Tomar medidas: Por último, y quizás lo más importante, es necesario motivar a sus hijos a tomar medidas. Claro, es más conveniente sentarse y mope, pero esto no mejora la situación ni ayuda a desarrollar la resiliencia. No importa cuál sea la situación, pregúnteles a sus hijos, "¿Qué podemos hacer al respecto?" y déjelos que arrojen algunas ideas. De hecho, ni siquiera tiene que ser buenas ideas. La idea aquí es conseguir que dejen de detenerse en el problema y tomar medidas porque ningún problema se resuelve enfadamente.

Resiliencia de los padres

Desafortunadamente, desarrollar cualquier cualidad en su hijo no es tan fácil como decirle qué hacer. Debido a que los niños aprenden con el ejemplo, usted también necesita desarrollar su propia resiliencia y enseñar con el ejemplo. En resumen, necesitas que tus hijos vean que eres fuerte y competente como quieres que sean, incluso cuando están bajo gran presión.

Aquí, la mayor lección de todas es la del estoicismo. Para modelar la resiliencia, usted necesita mostrar a sus hijos cómo ve una situación. La mayoría de las veces, lo que hace que las personas se molesten no es el evento en sí, sino más bien cómo lo interpretan. Así que pregúntate cómo abordas cualquier situación. ¿Mantienes la cabeza y sigues siendo optimista frente a probabilidades insuperables, o malescitas y humos? ¿Ves un problema como algo negativo o una oportunidad de aprendizaje?

Una vez más, los niños aprenden con el ejemplo. Necesitas comunicar el hecho de que hay áreas donde has sido resistente en tu vida. No quieres que tus hijos te vean como un superhéroe que puede superar fácilmente cualquier obstáculo. Tal imagen será destrozada eventualmente. Quieres que tu hijo te vea como un ser humano más, cargado de muchos problemas en la vida como todos los demás, pero mantienes tu optimismo, haces las cosas y realmente mejoras la situación. Sus hijos entonces comprenderán sus dificultades y aprenderán a ser resilientes.

Cómo los niños desarrollan la resiliencia ellos mismos

Ahora que sabes qué cualidades promueven la resiliencia en los niños, es una buena idea hacerles saber al respecto, para que entiendan mejor su entorno. Este conocimiento también les permite participar activamente en el desarrollo de su propia resiliencia.

Afortunadamente, muchos estudios sobre la resiliencia infantil en el pasado han puesto de relieve algunas de las mejores maneras en que los niños y adolescentes (más sobre eso más adelante) pueden hacer para promover la resiliencia. Estos son:

1. Establecer una rutina consistente: No sólo eso, esto allana el camino para que se desarrollen buenos hábitos, sino que también significa que los niños tienen la oportunidad de practicar la disciplina manteniendo su rutina diaria. Un día, sus hijos se convertirán en adultos, por lo que debe enseñarles cómo manejar su tiempo correctamente antes de eso. Asegúrate de comunicar el hecho de que, ya que no están recuperando ni un segundo de su vida, es mejor que gasten cada segundo sabiamente. Además, tener una rutina consistente también ayuda a las personas más jóvenes a sentirse más en control y organizadas.

2. Aceptar el cambio: Por otro lado, también necesitan entender que nada realmente dura para siempre en la vida. El cambio llegará, y no pueden hacer nada al respecto. Es una parte natural de la vida. Ayudar a sus hijos a aceptar esta cara los preparará, al menos mentalmente. Además, desarrollarán la fuerza mental para aceptar las transiciones cuando llegue el momento.

3. Sea optimista: El optimismo desempeña un papel importante en la resiliencia tanto en niños como en adultos. Ser capaz de ver un positivo en una situación negativa puede ayudar a las personas a hacer frente al problema bastante.

4. Pruebe cosas nuevas: Esto implica salir de la zona de confort, lo que puede ser algo muy aterrador. Sin embargo,

la recompensa potencial puede ser el autodescubrimiento y tal vez un nuevo pasatiempo. Tomar tales riesgos ayuda a aumentar la autoestima en los niños, por no hablar de la autonomía y el dominio.

5. Hacer trabajo voluntario: Una manera en que uno puede ayudarse a sí mismo es ayudando a los demás. Hacer trabajo voluntario ayuda a los niños a desarrollar resiliencia, compasión y empatía. Esta es una de las mejores maneras de abordar el desarrollo de la resiliencia. Cualquier trabajo voluntario requiere que los niños desplacen su atención de sí mismos y lo concentren en las necesidades de los demás. Esta mentalidad altruista promueve la responsabilidad y la autonomía. Como ventaja adicional, su hijo se sentirá feliz consigo mismo porque han contribuido a la sociedad y que han hecho algo significativo. Literalmente no hay mejor manera de agregar significado y propósito a la vida de sus hijos que conseguir que ayuden a los demás.

6. Participar en actividades extracurriculares: También debe alentar a sus hijos a involucrarse en actividades extracurriculares en la escuela, ya que ofrecen actividades atractivas, divertidas y gratificantes a los niños, que ayudarán a desarrollar resiliencia en los niños como así como un dominio de ciertas habilidades y promover las interacciones sociales.

7. Obtener un trabajo: Esto es más atendido para los adolescentes que los niños. Si corresponde, tener un estilo de vida, un horario y un trabajo pueden ayudar a fomentar la resiliencia, así como a construir un sentido de responsabilidad. Los adolescentes pueden ser capaces de obtener un trabajo de nivel básico en algún lugar, y aprenderán un montón de valiosas lecciones de vida. Para los niños, puede darles tareas para hacer como trabajos, lo que producirá el mismo efecto. Tener un trabajo promueve el sentido de autoeficacia y orgullo de tener responsabilidad y ganar el salario a través de un trabajo duro y honesto.

8. Encuentra y persigue una pasión: Todos tenemos ciertas peculiaridades que nos diferencian de otras personas. Una de esas cualidades es nuestro interés o pasión. Al principio, haga todo lo posible para promover la pasión de su hijo porque sus vidas son más satisfactorias y agradables si están haciendo las cosas que disfrutan y encuentran significativas. Una vida de resiliencia y alegría sólo es posible si la pasión está en la mezcla. Aparte de eso, trata de monetizar esta pasión si es posible. Si usted puede, entonces su hijo acaba de encontrar su carrera de ensueño!

9. Practicar el autocuidado: Una de las lecciones más importantes de todas es el autoperdón. Las cosas tienden a salir mal, y algún día saldrán mal. Cuando eso sucede, la gente tiende a abastearse de ello y a detenerse en su fracaso. Algunas personas recurren a comportamientos destructivos

para hacer frente, que no es lo que usted quiere que hagan sus hijos. Por lo tanto, usted necesita enseñar a sus hijos comportamientos saludables de cuidado personal como dormir lo suficiente, desarrollar buenos hábitos, comer suficiente comida nutritiva, beber mucha agua, etc. Todas estas actividades promueven un estilo de vida equilibrado que le da a sus hijos la fuerza y la energía para superar situaciones difíciles.

10. Pruebe la relajación: En esa línea, vale la pena enseñar a sus hijos varias técnicas de relajación para ayudarles a mantenerse frescos y tranquilos en situaciones estresantes. Esto puede ser tan simple como respirar profundamente a algo más sofisticado, como la meditación. De hecho, cualquier método de relajación que conozcas debe ser enseñado para que tus hijos puedan aplicar por su cuenta para mantener el equilibrio emocional.

11. Be consciente de los factores estresantes: Hablando de relajación, también puede enseñar a sus hijos a resolver problemas quitando la fuente de los problemas en lugar de desarrollar maneras de tolerarlos. En este caso, identificación del estresor. Muchos jóvenes no son conscientes de todos los factores estresantes subyacentes que complican su vida. Por ejemplo, es posible que su hijo no pueda entender que su falta de sueño y sus malos hábitos de estudio son las razones por las que lo están haciendo mal en la escuela. Cuando usted ayuda a sus hijos a identificar

estos factores estresantes, pueden aprender de sus errores y saber cómo manejar problemas similares en el futuro.

12. Establecer metas razonables: Tener altas expectativas para algo sólo te prepara para las decepciones. Los jóvenes tienden a sentir que no están haciendo lo suficiente. Sienten que podrían haber puesto más esfuerzo, y los resultados habrían sido mejores. En este caso, usted necesita enseñar a sus hijos cómo sentirse orgullosos de su trabajo.

13. Tómate descansos: Hablando de no hacer lo suficiente, asegúrate de comunicar el hecho de que necesitan tomarlo con calma. Al principio, los niños sienten la enorme presión para tener un buen desempeño en la escuela. Durante su tiempo en la escuela, se vuelven muy orientados a las metas y a menudo son extremadamente impulsados hacia el logro. Por supuesto, estar comprometido y motivado para lograr una meta es bueno, pero es igual de importante recordarle sano a sus hijos tomando descansos cortos para permitir que su mente y su cuerpo se relajen entre combates de trabajos intensos.

14. Escuchar y aprender de los demás: Los niños aprenden con el ejemplo, al igual que los adolescentes. Aproveche cada oportunidad para darles orientación sobre cualquier cosa que se les ocurra. Puedes tomar tu éxito o fracasos de los demás como lecciones de vida. En el futuro, cuando sus hijos se

enfrentan a un problema similar, pueden extraer de lo que han aprendido y permanecer resilientes.

15. La empatía de la práctica: Como se mencionó anteriormente, la empatía desempeña un papel importante en la resiliencia. No sólo que apoya una mentalidad de dar y compasiva, sino que también quita el foco del problema en sí, dando así a la mente del niño un poco de descanso.

16. Formar relaciones significativas: Por último, es importante tener en cuenta que los seres humanos son animales sociales. No podemos sobrevivir solos. Esto también se aplica al aislamiento social. La vida no tiene sentido sin conexiones profundas y significativas. Por lo tanto, enseñe a sus hijos cómo formar tal conexión con otras personas porque sus amigos también sirven como una fuente de la cual sus hijos sacan resiliencia en el futuro.

En conclusión

Entonces, ¿cuál es el mensaje para llevar aquí? La resiliencia es un mecanismo de protección muy potente que también resulta ser un comportamiento aprendido. Por lo tanto, incluso si usted o sus hijos no son muy resistentes hoy en día, pueden comenzar a actuar ahora y fortalecerse en el futuro. Todavía hay esperanza. Si bien no puedes controlar lo que está pasando a tu alrededor, la forma en que eliges responder a esas situaciones está bien dentro de tu poder. Tal es el poder de la resiliencia, y hay muchas maneras en que usted puede abordarlo para minimizar el riesgo que usted y sus hijos enfrentan en el futuro. Con una mentalidad resiliente, al menos puedes asegurar tu bienestar emocional cuando todo lo que te rodea sucumbe al caos.

Capítulo 8

Preparación Para Adolescentes

Llegará un momento en que sus amados hijos alcancen esa fase rebelde y más peligrosa de su vida. Cuando eso suceda, tienes que estar listo. A veces, cuando usted maneja la fase de transición correctamente, sus hijos se convertirán en adolescentes muy responsables y manejables, lo que será una enorme carga de la que puede deshacerse. Estos son algunos consejos para manejar a los adolescentes:

Crianza positiva

Antes de hablar de padres positivos y adolescentes, debemos recordarnos un hecho importante: los adolescentes todavía necesitan y quieren el apoyo, el afecto y la orientación de sus padres. Puede que no lo parezca, pero esta es la verdad. Al igual que su ser más joven, los adolescentes todavía necesitan la ayuda de una figura adulta para ayudarles a descubrir la vida y superar situaciones difíciles.

Usted puede ayudar a su adolescente a desarrollar un locus interno de control y su sentido de dominio, que desarrollará su resiliencia. Necesitas ayudarlos empoderando su sentido de responsabilidad personal y su control sobre su futuro. Sólo estar allí para sus adolescentes puede ayudarlos a construir resiliencia, que discutiremos en una sección posterior de este capítulo.

Aparte de eso, el estilo de crianza autorizado sigue siendo el mejor (y más difícil) método de crianza para los adolescentes porque promueve la comunicación bidireccional que los adolescentes quieren, mientras que todavía le ofrece poder de monitoreo sobre ellos. Este estilo de crianza se ha demostrado para reducir las conductas de riesgo entre los adolescentes.

En este período de desarrollo, los padres tienen que enfrentar desafíos muy diferentes a los de los niños pequeños y los niños. Los adolescentes se encuentran en un lugar incómodo entre ser demasiado jóvenes para ser adultos y demasiado mayores para ser un niño. No saben exactamente lo que deben hacer o comportarse. Quieren controlar e independencia, pero no pueden manejarse solos. También son conscientes de sí mismos, frustrados por el cambio en su cuerpo, como el acné.

La escuela sólo se vuelve más difícil para los adolescentes a medida que pasa el tiempo, y la presión de los padres y compañeros tampoco ayuda a la situación. Al final, pueden volverse demasiado ansiosos e incluso deprimidos a medida que intentan lidiar con el estrés.

Los padres juegan un papel importante en ayudar a los adolescentes a aliviar sus cargas. Muchos de los problemas mencionados anteriormente pueden requerir la intervención de los padres, pero llegar allí es difícil porque los adolescentes tienden a guardar las cosas para sí mismos. Esta falta de comunicación puede causar problemas a los padres porque no saben exactamente cuánta libertad y protección necesitan sus hijos.

Para este problema, se recomienda a los padres que utilicen el enfoque "Amor y lógica". Se trata de dos conceptos:

- Amor: Anime a sus adolescentes a ser responsables y tomar decisiones por su cuenta

- Lógica: Deje que sus adolescentes vivan con las consecuencias de sus elecciones, pero muestre napatía por lo que tienen que experimentar

El método Love and Logic es una manera efectiva de preparar a los adolescentes para cuando se convierten en adultos mientras son amorosos, cálidos y amables al mismo tiempo sin comprometer su relación.

Otro enfoque se conoce como el Teen Triple P, que tiene como objetivo minimizar el conflicto entre padres y adolescentes mientras da a los adolescentes las herramientas y la capacidad de tomar las decisiones correctas. Es eficaz en la promoción de pro-cualidades sociales en los adolescentes, que pueden resultar valiosos cuando necesitan evitar comportamientos problemáticos.

Uno de esos comportamientos incluye el abuso de sustancias, que es una de las peores pesadillas para los padres. Los peligros y riesgos son reales, y los adolescentes son los más susceptibles porque pueden ceder a las tentaciones muy fácilmente. Hay muchas maneras de proteger a sus adolescentes de involucrarse en el abuso de sustancias, incluyendo:

- Conocer a los amigos de tu hijo adolescente
- Ser un modelo a seguir
- Ser consciente del riesgo de abuso de sustancias de su hijo
- Informar a su hijo adolescente sobre los peligros del abuso de sustancias
- Establecer límites
- Tener una discusión abierta y honesta
- Ser solidario y amoroso

Sobre el refuerzo positivo

Hemos mencionado anteriormente que dar elogios a los adolescentes debe hacerse en privado para evitar avergonzarlos frente a sus compañeros. Son lo suficientemente mayores como para mantener su propia identidad como persona independiente. Criarlosen público socava esta identidad, y sus amigos los verán como un bebé y no los respetarán como iguales.

Aparte de eso, hay algunas cosas más que debe tener en cuenta acerca del refuerzo positivo para los adolescentes.

Planifique con anticipación para conversaciones difíciles

Esta es una de las cosas más difíciles que los padres tienen que enfrentar con sus hijos adolescentes rebeldes. Hay tantas conversaciones difíciles que necesitarás tener con tus hijos. En este caso, usted necesita conseguir sus puntos a través sin herir sus sentimientos. Por lo tanto, piensa en cómo se pueden sentir cuando les dices "Tenemos que hablar",

Para prepararse para esto, asegúrese de preparar un momento y un lugar para esta charla. Como se mencionó anteriormente, quitar las distracciones y encontrar un buen momento donde usted y sus hijos pueden hablar abiertamente. Aquí hay un consejo rápido: La gente está más abierta a hablar de sus sentimientos cuando hablas con ellos más tarde en el día. Ese tiempo puede ser después de la cena o justo antes de acostarse. Sólo asegúrate de que haya suficiente tiempo para la charla y que todo el mundo tenga suficiente energía para seguir adelante con esto. Otra cosa a tener en cuenta es dar a todos privacidad durante la conversación. Si cada uno de sus hijos tiene diferentes problemas, hable con ellos de uno en uno.

También debe darles un poco de control sobre la conversación. Unsk cuando es el mejor momento que puedes hablar con ellos y dejar que ellos decidan. Además, cuando estés hablando con ellos, asegúrate de comunicar el hecho de que siempre pueden dejar de tener la charla y volver a ella en un día más tarde, acordado si así lo desean. Ellos son la razón por la que esta charla sucede, por lo que necesita darles toda la oportunidad de tener control sobre la situación.

Si les muestra que respeta sus sentimientos y decisiones, están más dispuestos a sentarse y seguir adelante con los problemas con usted para encontrar una solución.

Manténgase conectado

A medida que los niños crecen, se desconectan de sus padres de una manera u otra. Las cosas que solían amar hacer juntos ya no serán una cosa. Algunas otras actividades que solían hacer juntos, que eran insignificantes en el pasado, no son más importantes que nunca. Cosas como panqueques para el desayuno, noches de pizza familiar o películas de sábado, o cualquier otra forma de tradiciones que solías practicar en tu casa deben continuar. Aparte de eso, también debe alentar ciertas acciones espontáneas e informales como cuando su hijo solía decirle cómo fue la escuela durante la cena. Siempre que estas cosas sucedan, asegúrese de dejar lo que esté haciendo y luego preste toda la atención a su hijo. Esto les dice a sus hijos que son importantes que lo que sea que estaban haciendo.

Respetar la privacidad

A medida que sus hijos crecen, usted necesita comenzar a darles más y más independencia. Esto se debe a que sus hijos quieren tener la libertad propia o porque usted quiere que su hijo sea lo suficientemente fuerte como para vivir por su cuenta algún día. No hay mejor manera de presentar a sus hijos para hacer este concepto al facilitarlos lentamente para que decidan por sí mismos.

Pero lo más importante que tienes que hacer es darles privacidad. Eso significa darles su propia habitación si aún no lo has hecho. Los adolescentes tienen una fuerte necesidad de cierta privacidad después de estar bajo sus ojos vigilantes durante muchos, muchos años. Tienes que respetar su privacidad a partir de ahora. Eso significa llamar y pedir su permiso antes de entrar en su habitación, no pasar por sus pertenencias, no revisar sus dispositivos o diario, etc. Si siente la necesidad de saber lo que sus hijos han estado haciendo cuando no está mirando, deténgase y pregúntese cuánto realmente necesita saber. Hay muchas cosas que deben dejarse bien solas como algo privado entre sus hijos y sus amigos.

Sobre la resiliencia

La adolescencia es un momento muy difícil tanto para los padres como para sus hijos. Mientras que a los padres les preocupa que sus hijos puedan estar fuera haciendo todas las cosas que no deberían estar haciendo, los propios adolescentes tienen que luchar con la escuela, los compañeros y las presiones sociales. La adolescencia no es divertida para nadie, especialmente para los propios adolescentes. Tienen que experimentar una miríada de cambios emocionales y físicos, y lo que sus padres hacen al respecto en última instancia decidirá cómo crecerán los adolescentes. Es un período confuso entre ser demasiado joven para poder hacer las cosas por sí mismos mientras es demasiado viejo para buscar ayuda cuando lo haría un niño. Este es el período en el que los adolescentes tratan de distinguir sus propias identidades, lo que puede implicar la asunción de riesgos que puede conducir a traumas, aislamiento social o problemas aún más graves.

Por lo tanto, usted debe hacer que sea una prioridad enseñar a sus hijos resiliencia a medida que pasan a esta fase preocupante de sus vidas. Pero el problema es, ¿cómo puedes abordar este problema?

Influencia parental duradera

Algunas personas asumen que los adolescentes a menudo dependen del apoyo de sus compañeros y que la influencia de los padres se vuelve mínima. Este no es el caso en absoluto. A medida que los adolescentes se desarrollan, todavía dependen de las figuras de los padres. La influencia de los padres es esencial para ayudar a los adolescentes a superar situaciones difíciles en sus vidas.

Lo que puede hacer en esta etapa es fomentar un sentido de control y empoderar a sus hijos para que asuman la responsabilidad personal y el control sobre sí mismos y su futuro. Cuando se trata de apoyo emocional, los padres deben estar más atentos que nunca porque los adolescentes experimentarán emociones que nunca antes habían tenido. Estar allí para ellos durante su tiempo de confusión y ayudar a guiarlos en el camino correcto es crucial y se ha demostrado que tiene una influencia positiva en la resiliencia en los adolescentes.

Los maestros, los padres o cualquier otro modelo para adultos tienen un papel importante que desempeñar para ayudar a los adolescentes a aprovechar su resiliencia que han desarrollado desde una edad más joven. Los adolescentes necesitan un modelo adulto que pueda promover la esperanza, el optimismo, la fe y la fuerza a medida que enfrentan obstáculos en su desarrollo.

Enseñar resiliencia a los adolescentes

Enseñar a sus hijos e hijas adolescentes resiliencia no tiene que ser un esfuerzo difícil. Muchos estudios se han realizado en el pasado para estudiar cómo se puede abordar este problema. Entre ellos está Project Resilience de Wolin y sus colegas. Este estudio proporcionó un formato estructurado para abordar la resiliencia en adolescentes que puede implementar.

Wolin sugirió tener una sesión grupal con adolescentes en la que puedan discutir abiertamente su caída, estudiar sus propios defectos, descubrir sus fortalezas y construir sobre ellos. La idea aquí es conseguir que los adolescentes vuelvan a encuadrar hacia lo positivo al ver el doloroso evento en el pasado como una oportunidad de aprendizaje. Ven esas situaciones como oportunidades en las que tenían que hacerlo y fueron capaces de aprovechar su resiliencia para sobrevivir. Hay siete elementos para la resiliencia aquí que pueden ayudar a los adolescentes e incluso a los adultos a hacer frente a los problemas de la vida:

- Humor: Una vez más, la risa es la mejor medicina, y puede simplemente dar a los adolescentes fuerza para perseverar.

- Relación: Los adolescentes que sienten que son apoyados emocionalmente por sus compañeros y su familia muestran más resiliencia.

- Iniciativa: Anime a su hijo adolescente a tomar medidas en lugar de lamentarse en la desafortunada circunstancia.

- Insight: Desarrolle la resiliencia en su hijo adolescente haciendo preguntas para ayudarles a entenderse mejor a sí mismos.

- Creatividad: Anime a su adolescente a usar su imaginación como mecanismo de afrontamiento.

- Moralidad: Enseña a tu hijo adolescente el valor de la moralidad, haciendo lo correcto y esperando a su lugar pase lo que pase.

- Independencia: Lo más importante, enseñe a su adolescente independencia, autonomía o autosuficiencia.

Capítulo 9

Otros Consejos y Estrategias

Aparte de lo que hemos discutido anteriormente, permítanos dividir todos aquellos en una lista simple que puede hacer referencia para su propia conveniencia.

Para la crianza positiva

- Practique la comunicación abierta con su hijo. Asegúrate de leer entre líneas y realmente tratar de entender lo que están diciendo. No utilice la crítica o el sarcasmo. La comunicación abierta ayuda a su hijo a externalizar sus emociones y pensamientos, ayudándole así a resolver sus problemas.

- Apoyar la independencia, autonomía, individualidad y confianza en sí mismo de su hijo animando a su hijo a probar cosas nuevas y explorar su entorno. Sólo asegúrate de vigilarlos en caso de que vayan demasiado lejos.

- Investigue algunas investigaciones sobre las necesidades de desarrollo de su hijo y trate de satisfacer esas necesidades.

- Además de ser padre, sea un buen maestro aprovechando todas las oportunidades para enseñar a sus hijos valiosas lecciones de vida.

- Preste atención a su hijo tan pronto como sea posible, especialmente en la infancia. Llegarás a entender su comportamiento normal y cómo se comunican. Esto es crucial más adelante cuando necesite obtener sus puntos a través.

- Empoderar la resiliencia de su hijo enseñándole a tener una perspectiva positiva hacia la vida. Alternativamente, puedeenseñarles a ser audaces y mirar el problema, entenderlo y contemplar lo peor que podría resultar de él, y hacer las paces con él, por lo tanto drenando el problema de su poder debilitante.

- Aliente el desarrollo de su hijo reforzando sus capacidades, fortalezas, intereses y pasión.

- Enseñe a su hijo estrategias de afrontamiento que pueden aplicar por sí mismos cuando sea necesario.

- Anime a sus hijos a mejorar su inteligencia emocional siendo un modelo. Eso significa ser un entrenador que demuestra exactamente cómo ser emocionalmente inteligente que puede hablar a través de los problemas en lugar de simplemente descartar temas difíciles y esperar que el problema desaparezca.

- Asegúrese de comunicar los límites con claridad. Asegúrese de que sus hijos entiendan lo que pueden y no pueden hacer. Usa vocabulario simple si lo necesitas, pero evita hacerte sonar frío o duro.

- Aproveche las consecuencias lógicas y naturales para el comportamiento siempre que sea posible. Es el mejor refuerzo de todos ellos.

- Siempre que pases tiempo con tus hijos, practica positividad reflejando su energía y felicidad.

- Fomentar la actividad familiar y crear culturas familiares como los viernes por la noche de cine, sábados de pizza, domingos de barbacoa, etc. para darle la oportunidad de vincularse con sus hijos a medida que crecen, así como para crear recuerdos duraderos.

- Tener reuniones familiares con frecuencia, y animar a sus hijos a expresar sus opiniones.

- Ser conscientes de lo que sus hijos están haciendo a través de la supervisión y el monitoreo de una manera apropiada.

- Proteja a sus hijos del uso excesivo de la tecnología como videojuegos, computadoras, teléfonos móviles, etc. Enséñales a apreciar estar lejos de la pantalla. Lo más importante es que se asegure de limitar su exposición a medios violentos.

- Enseñe a sus hijos los peligros de las redes sociales señalando casos anteriores y proporcionando ejemplos de comportamientos peligrosos en línea. A lo largo de esa línea, monitoree su actividad en línea por si acaso.

- Dé a sus hijos suficientes mecanismos de afrontamiento para superar problemas personales, así como para promover la resiliencia.

- Siempre padre con amor incondicional. Enseña a sus hijos a amar a las nutrias independientemente de sus defectos, como ustedlos los ama a pesar de los suyos.

Manejo de los berrinches templados

No importa lo bien que disciplina a su hijo, llegará un momento en que su hijo haga un berrinche. Esto generalmente ocurre en la etapa temprana de la disciplina, ya que probablemente no están acostumbrados al tratamiento. Los niños son más propensos a lanzar berrinches a una edad temprana entre 1 y 3 años de edad. Sin embargo, no espereque que esto se vaya a la distancia hasta que sean mayores de seis años. Una cosa que debe tener en cuenta es que cuando su hijo comienza a lanzar berrinches, es una buena idea esperar fuera en lugar de tratar de controlarlo y fallar miserablemente.

Pero primero, tenemos que entender por qué lanzaron berrinches en primer lugar. Lo hacen como una forma de expresar su frustración. Esto pone de relieve la falta de mecanismos de afrontamiento.

Cuando su hijo lanza berrinches, usted puede ser tentado a usar el castigo para recuperar rápidamente el control de la situación, especialmente en público, para evitar la verguenza. Sin embargo, esto no es ideal a largo plazo.

Una manera de abordar este problema es hablando con el niño sobre el problema y explicándole, de una manera amable y amorosa, por qué no pueden tenerlo a su manera. Por ejemplo, si su hijo está molesto por el hecho de que no puede ver la televisión durante más de una hora, explíqueles que más de eso y que no sería saludable para sus ojos y que usted entiende que están viendo su programa favorito y que están desappllentes ungido.

Otra forma de difundir la situación es dándole al niño un espacio para calmarse. Tal lugar podría ser su habitación. Cuando su hijo está más tranquilo, puede intentar distraerlo del problema. Darle tiempo a su hijo para relajarse es importante tanto para usted como para su hijo porque también necesita calmarse, respirar profundamente y reevaluar mejor la situación para evitar que sus hijos vuelvan a lanzar berrinches. Mientras usted está elaborando una solución a sus problemas, asegúrese de darle un abrazo a su hijo para hacerle saber cuánto los ama. El abrazo también puede calmar al niño a medida que experimentan un calor familiar, y puede reducir la frustración del niño.

También puede adaptarse al método de crianza "Amor y lógica" al abordar los problemas del berrinche. La idea fundamental es que nunca debediscutir, levantar la voz o excusar los comportamientos.

Más de las veces, cuando sus hijos comienzan a lanzar berrinches, los padres se molestan y gritan, lo que sólo exacerba la situación. En su lugar, usted puede ir "muerto del cerebro", lo que significa permanecer impasituado por sus hijos y en su lugar mostrar empatía y amor por ellos. Considere decirles a sus hijos: "Te amo demasiado para discutir".

Por supuesto, esto no significa que usted deba ceder a las demandas de su hijo. El amor y la crianza lógica no son padres permisivos. Usted todavía necesita asegurarse de que su hijo es responsable de sus acciones al entender las consecuencias. Cuando usted comunica este hecho de una manera amorosa, es más probable que su hijo escuche y entienda el punto que está tratando de transmitir. Eventualmente, en el futuro, su hijo desarrollará su propia voz interna, que consultará para descubrir las consecuencias negativas de sus acciones. Esto hace que tome mejores decisiones en el futuro.

Aparte de eso, aquí hay algunos consejos rápidos para ayudarle a lidiar con berrinches temperamentales:

- Mantenga la calma

- No grite ni grite

- Espere– no intente controlar la situación

- Sea consistente

- Siga adelante con su acción

- Ser un modelo a seguir

- No recompense los berrinches – sólo aumentará la probabilidad en el futuro

- No discuta

- No aumente la situación

- No se preocupe por lo que otras personas piensan

- Haz algo para calmarte – no te quedes atrapado en el calor

- No lo tome como algo personal

- Dar abrazos

- Dé a su hijo opciones

- Salga de la zona – no le dé a su hijo una audiencia

- Deje que su hijo se desahogue y se enfríe

- Mantenga su tono y su discurso amable y amoroso

- Dile a tus hijos que los amas sin importar lo que

- Hable con sus hijos acerca de sus sentimientos

- Hacer que sus hijos sean responsables de su acción

- Empatizar

- Distraiga a su hijo

- Acepte que los berrinches son inevitables

Crianza positiva a la hora de dormir

Llevar a los niños a la cama es uno de los mayores desafíos que los padres tienen que pasar casi a diario. No es casualidad ver que los padres tienden a buscar ayuda de otras personas cuando sus hijos no se van a la cama. No parece haber una buena manera de abordar este problema, y la situación sólo se agrava porque los propios padres están agotados al final del día.

Muchos pediatras pueden dar fe del hecho de que este problema puede llevar a los padres a las lágrimas sólo por la frustración pura de la misma. Hasta el 30% de los niños tienen problemas para dormir, y sus padres pobres tienen que sufrir las consecuencias.

Este problema es mucho peor de lo que crees. Los niños que constantemente tienen irregularidades en el sueño tienden a tener consecuencias perjudiciales como ansiedad, angustia, problemas conyugales y estrés familiar, la difícil relación entre los padres y los niños, y los problemas en el comportamiento y funcionamiento cognitivo.

Cuando los padres no pueden hacer que sus hijos duerman, pueden empezar a cuestionar su propia competencia de crianza. Después de todo, ¿cuán difícil puede ser hacer que un niño duerma? Muchas personas asumirían que no es tan difícil hasta que tienen que hacerlo ellos mismos. Cuando los padres no pueden, se sienten culpables por ello. Algunos se frustrarían y comenzarían a gritar a sus hijos, lo que sólo empeora las cosas tanto para el padre como para el niño. Al final, algunos padres podrían darse por vencitas y decidir tomar la salida fácil dejando que el niño duerma en su cama. Esto puede ser porque están demasiado frustrados y cansados para luchar por más tiempo. Esto generalmente sólo conduce a más problemas en el futuro.

Si permite que sus hijos compartan la misma cama hasta que se convierta en una rutina, usted les niega la oportunidad de aprender a calmarse y dormirse por sí mismos. También existe la posibilidad de crear una falta de sueño y otros problemas matrimoniales. Afortunadamente, usted no tiene que lidiar con estos problemas para dormir cede o volverse loco por ello. Hay muchas soluciones para elegir.

En primer lugar, es necesario empezar a establecer una rutina diaria constante. Al final del día, sus hijos deben sentirse relajados y seguros. Si su hijo se levanta, acérquese a ellos con calma, guíelos de vuelta a la cama y diga "buenas noches" de una manera tranquila y amorosa antes de salir de la habitación. Eso es todo lo que necesitas hacer. Por supuesto, suena demasiado simple. La única advertencia aquí es que esto toma bastante tiempo. Requiere repetición. Eventualmente, su hijo debe aprender que debe volver a la cama a ciertas horas del día. Por supuesto, tienes que ser muy consistente.

Si usted caminó a su hijo ayer, le grita el otro día, y lo ignora en otro, esto no crea una rutina predecible. Esto inicialmente confundirá a su hijo porque realmente no entiende na. la consecuencia de sus acciones. Hemos detectado un problema desconocido.

Aparte de eso, hay muchas otras técnicas que puede implementar para evitar conflictos antes de acostarse y fomentar hábitos de sueño saludables:

- Sea consistente

- Dígale a sus hijos por qué es importante dormir

- Comprender la etapa de desarrollo de su hijo

- Dale a tu hijo un baño caliente antes de acostarte – ayuda con su relajación

- Mientras estás en ello, usa loción de lavanda o baño de burbujas, ya que ambos han demostrado tener propiedades relajantes

- Dale a tu niño caliente leche o té de manzanilla con miel – de nuevo, propiedades relajantes

- Asegúrese de que sus hijos sepan cuándo es su hora de acostarse y cuándo se acerca – Le sugiero que use un temporizador para recordarles

- Cuéntales una historia antes de acostarte, pero asegúrate de mantener la historia durando por la misma cantidad cada noche

- Haga que sus hijos ansiosos por la rutina de acostarse por lo que sea divertido

- Mantenga la calma y hable con su hijo con calidez y amor cuando no se vaya a dormir o se quede en la cama

- Si se acuestan y comienzan a hacer algunos ruidos, pasetranquilamente al niño a su cama, diga "buenas noches" y salga de la habitación. Es posible que deba hacer esto varias veces al principio.

- No ceda si su hijo le pide que duerma en su cama

- Mostrar empatía

- Si su hijo no se va a dormir porque piensa que hay un monstruo debajo de la cama, no ignore sus miedos y proporcione soluciones (insinda cosas si es necesario, como darles "spray monstruo")

- Introducir a su hijo a la meditación y otras técnicas de relajación desde el principio

- Toca música suave y suave/sonidos de naturaleza/canta una canción de cuna

- Mostrar afecto

- Si es necesario, atenúe la luz

- Deje la puerta abierta si procede

- Asegúrese de que la cama y el pijama de su hijo estén cómodos

- Dé a su hijo un animal de peluche o una manta

- Establecer un dormitorio que sea tranquilo, ordenado y tranquilo

- Utilice un humidificador – para el reconfortante ruido blanco y la humedad

- Considere poner una pecera en la habitación que produzca sonidos relajantes

- Coloque estrellas brillantes en la oscuridad en el techo

- Alternativamente, compre un proyector de estrella brillante: asegúrese de que no sea demasiado brillante

- Siéntate con tu hijo hasta que tenga sueño pero no todo el camino hasta que se duerman – necesitan aprender a calmarse a sí mismos para dormirse

- Consulte a un médico y vea si su hijo tiene algún problema médico relacionado con el sueño

- Mantener el horario de comer y dormir del niño

- Enseñar y pedirle a su hijo que piense en cosas no estresantes y relajantes cuando están tratando de conciliar el sueño

- Enseñar a su hijo técnicas de relajación

- Asegúrese de que todo esté tranquilo alrededor de la casa a la hora de acostarse

- Asegúrese de que su hijo tenga una dieta saludable y evite que coma cerca de acostarse porque esto la mantendrá despierta

- Asegúrese de que su hijo no esté comiendo nada estimulante por la noche, como chocolate

- Asegúrese de que su hijo haga suficiente ejercicio durante el día – necesitan quemar el exceso de energía antes de que termine el día

- No deje que su hijo mire la televisión, la computadora, el teléfono móvil, etc. durante al menos una hora antes de acostarse: las luces azules de esos dispositivos mantendrán a su hijo despierto

- No exponga a su hijo a cosas que le resulten aterradoras o sobreestimulantes unas horas antes de acostarse

- No deje que su hijo beba demasiado líquido antes de acostarse y asegúrese de que visiten el baño primero

- Evite discutir temas emocionales antes de acostarse

- Sé un buen modelo a seguir durmiendo mucho y ocultando el hecho de que tienes insomnio si ese es el caso

- Refuerza el buen comportamiento antes de acostarse recompensando a su hijo con privilegios o elogios

Otras actividades a considerar

Hay muchas actividades para elegir para ayudarle a vincularse con sus hijos y entenderlos mejor. Estas son algunas ideas:

- Cocine o hornee juntos

- Ir a la biblioteca

- Ir al cine

- Ir a ventas de garaje

- Participar en actividades al aire libre con ellos

- Construir cosas juntas

- Pintar juntos

- Aprender un nuevo hobby o habilidad juntos

- Preparar y ejecutar un puesto de limonada con su hijo

- Reproducir música juntos

- Visitar el museo juntos

- Ir a festivales locales, mercados locales u otros eventos de temporada juntos

Abordar la rivalidad entre hermanos

La rivalidad entre hermanos es un problema común en todos los hogares. En muchos casos, no es necesariamente un problema porque los hermanos aprenderán a dejar de lado sus diferencias y vivir en relativa armonía. Sin embargo, es un hecho que intentarán pelear el uno al otro sin fin en la etapa temprana de su vida. Discutirán a diario, y competirán entre sí, lo cual puede ser algo bueno. Una sana competencia entre los hermanos puede hacer que el refuerzo positivo sea aún más poderoso, y esta rivalidad puede sacar lo mejor de sí mismo. Sin embargo, eso no significa que usted debe tratar este problema a la ligera. El nivel de animosidad entre los hermanos puede descontrolarse y volverse tóxicos, interfiriendo con la relación y causando muchos problemas a los padres. Si los padres no hacen nada para contener esta rivalidad entre hermanos, el resentimiento entre ellos puede desarrollarse y causar consecuencias permanentes a largo plazo, una de las cuales son comportamientos desviados.

Muchos factores entran en juego al determinar la gravedad de la rivalidad entre hermanos, y es posible que debas dirigirte a cada uno de ellos para contener su influencia. Es una tarea muy compleja porque realmente necesitas monitorear tus propias acciones y la de tus hijos para entender cómo juegan en la gravedad de la rivalidad. Algo que debe sin tener en cuenta es su interacción con sus hijos, sus relaciones con cada uno de ellos, sus géneros, orden de nacimiento, personalidades, y sobre todo tener cuidado con el favoritismo porque es un factor enorme. Además, la rivalidad entre hermanos comienza desde el principio, por lo que hay poco o ningún tiempo para prepararse con anticipación. Incluso podría comenzar en el momento en que su hijo se dé cuenta de que va a ser un hermano o hermana. Los celos pueden empezar desde ese momento. Afortunadamente, hay muchos enfoques que puede tomar para minimizar la animosidad entre sus hijos.

Una de las soluciones es cultivar una relación saludable o una rivalidad saludable, como hemos mencionado anteriormente, para sacar lo mejor de sus hijos. Eso es si están dispuestos a ser un deporte al respecto. Usted puede fomentar una relación saludable involucrando al hijo mayor y haciéndoles saber temprano que van a ser un hermano o hermana mayor. Cuando lo haga, asegúrese de mantener un tono positivo y emocionante, que le dice a su hijo que es algo bueno para ellos. La idea aquí es hacer que su hijo sea entusiasmado con su nuevo papel como hermano mayor.

A partir de ahí, puede fomentar la unión entre los hermanos muy temprano dejando que su hijo sienta la patada o el movimiento del bebé, o incluso mirar las imágenes de ultrasonido. Otra actividad que vale la pena mencionar aquí es conseguir que su hijo ayude a decorar la habitación del nuevo bebé para crear un apego emocional positivo.

En algunos casos, el recién nacido puede tener complicaciones médicas. Tal vez el bebé nació prematuramente o tuvo otros problemas médicos graves. Esto puede ser muy estresante para el hermano mayor. La situación puede requerir que usted preste más atención al niño más pequeño que puede desencadenar celos de los mayores. Si este es el caso, usted necesita hablar con el niño mayor y explicarle sobre la situación actual, para que entiendan lo que está pasando y por qué son las cosas como son ahora. También vale la pena mantener a los niños mayores actualizados sobre la situación actual, así.

La adopción es una historia diferente en conjunto porque usted tiene cierto margen de maniobra para preparar a sus hijos para la nueva adición a la familia. Sin embargo, también viene con sus propios desafíos. Por ejemplo, usted necesita explicarle a su hijo cómo funciona la adopción y tratar de establecer una conexión entre sus hijos. Usted puede involucrar a su hijo biológico en el proceso de preparación, como la creación de una nueva habitación, como se mencionó anteriormente.

Si es una adopción internacional o que está adoptando un niño mayor, entonces hay algunas cosas más que debe hacer. Por un lado, si el niño adoptado todavía vive en un orfanato, puede involucrar a su hijo biológico en el establecimiento de una relación enviando los regalos del otro niño. No tiene que ser nada especial. Los animales rellenos, los juguetes o incluso las letras deben ser suficientes para establecer la relación entre los hermanos con el pie derecho.

Tenga en cuenta que si decide adoptar un niño, debe tener en cuenta su pasado, que determinará su personalidad, gustos, aversiones, temperamentos, etc. que influirán en cómo irán las relaciones entre los hermanos.

Aparte de eso, aquí hay algunos consejos para ayudarle a poner fin a la rivalidad entre hermanos:

- NO etiquete: Como se mencionó anteriormente, el etiquetado nunca es el camino a seguir porque está dando forma a sus hijos por lo que dice sobre ellos. Evitar etiquetar a su hijo cuando él o ella es el único hijo es muy fácil, pero usted puede etiquetar inconscientemente a sus hijos alabando a uno pero no al otro. Por ejemplo, si usted dice que el hijo mayor es un buen estudiante, implica que los otros hermanos no son buenos estudiantes. Esto puede crear una profecía autocumplida en la que el hijo mayor se desempeña bien en la escuela, mientras que otros no. Esto también puede crear animosidad entre los hermanos, también. Para evitar este problema, sólo elogie la acción, no la persona.

- Igualdad: Dar la misma atención y amor a todos los niños, y sólo tratarlos de manera diferente en función de su temperamento y cualidades únicas. De esa manera, puedes ciertas peleas de ocurrir.

- Enseñar habilidades de resolución de conflictos: Anime a sus hijos a resolver sus disputas por su cuenta enseñándoles habilidades de resolución de conflictos. Sólo participa cuando las cosas se ponen físicas. Los niños están más dispuestos a cooperar y cultivar una relación positiva cuando saben cómo enmendarlas.

- Mantente al tanto: Como se mencionó anteriormente, mantente al no luchar hasta que tengas que saltar. Por ejemplo, cuando sus hijos estén discutiendo, no se intertenena. Sólo se interponen cuando empiezan a golpearse entre sí. Al no intervenir, usted da a sus hijos la oportunidad de practicar sus habilidades de resolución de conflictos.

- No tomes partido: Si los argumentos se salen de control y empiezan a ponerse físicos, salta. Aun así, no tomes partido. En su lugar, involucre a sus hijos en la resolución de problemas.

- Igualdad de castigo: La igualdad también se aplica al castigo. Si sus hijos violan las reglas de la casa, asegúrese de castigarlos por igual. Si tienes una regla de la casa para limitar las peleas, entonces asegúrate de que todos los que se metieron en la lucha tienen que lidiar con la consecuencia. De esa manera, los niños llegarán a entender que es en su mejor interés llevarse bien.

Crianza a través del divorcio

El divorcio es uno de los desafíos más difíciles que los niños pueden tener que enfrentar. A menudo, el impacto psicológico empeora porque los niños tuvieron que pasar por un período en el que sus padres discuten constantemente. Tuvieron que sufrir toda esa tensión y negatividad en la casa antes de tener que lidiar con el divorcio. Por lo tanto, no es de extrañar ver que el divorcio puede tener consecuencias negativas inmediatas y a largo plazo. Entre esas consecuencias están el mayor riesgo de salud mental, inestabilidad emocional, problemas de relación, por nombrar algunos.

Sin embargo, la forma en que un divorcio afecta a los niños depende de cómo suceda. En algunos casos, los niños sufrirán consecuencias negativas a corto plazo, pero no tendrán daños psicológicos duraderos. Otros niños tienen impactos negativos hasta bien entrado su edad adulta. Saber esto significa que podemos empezar a buscar maneras de ayudar a los niños a sobrellevar el divorcio de los padres.

Como se mencionó anteriormente, diferentes niños tienen diferentes temperamentos, y su personalidad y la demografía familiar también juegan un papel en lo bien que los niños hacen frente al divorcio.

Una vez más, el daño psicológico negativo en los niños ya comienza a aparecer mucho antes de que ocurra el divorcio en sí.

Por lo tanto, el daño psicológico duradero no puede resultar del divorcio en sí. La fuente del problema podría ser de la mala relación entre los padres y cómo lo manejan. Saber esto es importante, ya que los padres pueden preparar a sus hijos para permanecer resilientes si las cosas se desmoronan.

El divorcio es un tema complejo, y hay muchas razones por las que sucede. Todas estas razones pueden dificultar que los niños se adapten a diferentes grados. Cosas como la mala cooperación y la animosidad general entre los padres definitivamente pueden hacer que sea más difícil para los niños.

Por lo tanto, el divorcio o no, los padres necesitan contener esas cualidades debilitantes porque tienen una influencia negativa en los hijos incluso sin el divorcio. Los padres deben evitar exponer a los niños a sus conflictos, problemas de dinero o cualquier otro problema, si es posible. Al menos hasta que tengan la edad suficiente para ayudar con el proceso de toma de decisiones, otro problema que tienen los padres es que uno de ellos tiende a hablar mal del otro, ya sea delante o incluso directamente a sus hijos. Esto puede volver al niño en contra de sus propios padres, lo que puede servir para volver al niño contra sí mismo.

La mala boca del otro padre es más común de lo que crees, y es una manera de alienar al otro padre del niño. Se caracteriza por la crítica del otro intencionalmente delante del niño. De hecho, el padre puede simplemente decirle a su hijo las cualidades del otro padre que no son necesariamente negativas, pero que se pueden utilizar para alienar aún más al niño.

Esto puede causar daño psicológico al niño porque se le llevaría a creer que el padre mal hablado no ama al niño. Además, el niño puede creer que el padre es defectuoso, lo que implica que el niño también está intrínsecamente defectuoso o dañado. Esto puede tener un impacto negativo en su estado de ánimo, autoestima, confianza, relaciones, y muchos otros aspectos de la vida.

Esto no quiere decir nada sobre la influencia negativa de la mala parte sobre la relación del padre objetivo con el niño. Si el padre objetivo no aborda la situación correctamente, corre el riesgo de perder el respeto de su hijo o incluso el contacto.

Entonces, ¿cómo se aborda esta situación sin comprometer la relación del niño con sus padres, así como su bienestar psicológico?

1. Asumir la responsabilidad: Los sentimientos negativos sobre su otro significativo son inevitables. Sin embargo, el objetivo del padre en este punto es ser su mejor padre cuando el niño está con usted. Practique todos los punteros de crianza positivos anteriores y evite hablar mal de la otra persona.

2. Deje de preocuparse: El otro padre que no tiene la custodia del niño debe esperar hostilidad de su otro significativo. Eso es seguro. Sin embargo, usted necesita hacer su parte y

demostrar a su hijo que el otro padre está tratando de alienarlo por ser el mejor padre que pueda ser.

3. Ser padre: Muchos padres divorciados intentan hacerse amigos de sus hijos durante un divorcio. Esto no es ideal porque puede dificultar la disciplina o establecer reglas para su hijo. Otra cosa que los padres deben evitar es decirles a sus hijos acerca de sus problemas personales – más de lo que los niños necesitan saber. Esto puede crear cargas innecesarias para los jóvenes. En esta etapa, usted necesita ser un padre porque eso es lo que sus hijos necesitan en este momento. Por lo tanto, establecer reglas, hacerlas cumplir, y ser coherente con ellos.

4. Disciplina y amor: Especialmente después del divorcio, el padre necesita asegurar a sus hijos que aunque el amor que existía entre los padres murió, el amor que existe entre los padres y los hijos todavía existe. Algunos niños temen que una vez que ocurra el divorcio, ya no sean amados. Por lo tanto, cuando los sentimientos son altos, usted necesita disciplinar a su hijo de una manera amorosa. De lo contrario, pueden sentirse inseguros acerca de la relación. Por lo tanto, configure reglas y cree una rutina diaria para que el niño los mantenga ocupados y enfocados en las cosas que importan en la vida. Cuando pasa sin filo con su hijo, le muestra que su amor permanece impasituado.

5. Evite el chantaje: Después de un divorcio, los padres a menudo compiten por el afecto de su hijo. Esto puede crear una oportunidad para que su hijo intente reunirlos de nuevo. Eso no es necesariamente algo malo. Al mismo tiempo, su hijo puede elegir el camino travieso e intentar usar su afecto a su favor exigiendo cosas de usted. En esta situación, es fácil para los padres ceder a la demanda del niño porque quieren que su hijo los ame más que al otro. No hagas eso. En su lugar, permanezca firme y su hijo llegará a respetarlo.

6. Permanezcan flexibles: Los niños necesitan una rutina a seguir para tener un progreso predecible en el desarrollo. Sin embargo, cuando necesitan adaptarse y cumplir con dos reglas diferentes de la casa, se confundirán, y sus enfoques de crianza cuidadosamente estructurados pueden llegar a ser ineficaces. Por lo tanto, hable con su ex y analice sus reglas y rutinas de la casa para el interés del niño.

Otros consejos y habilidades

Aparte de todo lo que hemos discutido anteriormente, hay algunas habilidades más que vale la pena recoger hoy para ayudarle con su esfuerzo de crianza. Para ayudarle a entender qué habilidad es más útil para qué rango de edad, los he desglosado por la edad del niño. De esa manera, usted puede implementar correctamente las habilidades adecuadas para satisfacer las necesidades de desarrollo de su hijo. Estas habilidades son:

0 a 1 año

- A prueba de niños en su hogar y tomar precauciones en otras áreas de la casa para proteger a su hijo de lesiones

- Proporcionar suficientes nutrientes

- Proporcionar actividades estimulantes para su hijo

- Hable con su hijo con frecuencia

- Sostenga a su bebé y acurruquelo para darles la calidez y el afecto que necesitan

1 a 2 años de edad

- Mantenga un ojo hacia fuera para los peligros domésticos o al aire libre cuando su hijo corre alrededor, tales como peligros de ahogamiento, veneno, fuego, objetos afilados, objetos pequeños, etc.

- Lea a su hijo todos los días

- Anime a su hijo a explorar por su cuenta y probar cosas nuevas

- Responda positivamente (como elogiar) cuando su hijo muestre comportamientos deseables

- Involucre a su hijo en actividades divertidas e interesantes juntos

2 a 3 años de edad

- Una vez más, garantice la seguridad que he mencionado anteriormente

- Enseñe a sus sencillos canciones infantiles

- Fomentar el juego de fingir

- Lea libros con su hijo

- Recompensar comportamientos positivos con elogios

De 3 a 5 años

- Seguridad, otra vez.

- Involucre a su hijo en tareas domésticas fáciles

- Disciplinar a su hijo usando castigo positivo

- Lea a su hijo a menudo y déjelo elegir qué libro leer

- Dé a su hijo la oportunidad de tomar decisiones

De 6 a 8 años

- Enseñar a su hijo acerca de los peligros externos como el tráfico y los peligros de ahogamiento

- Enseñe a su hijo a pedir ayuda

- Involucre a su hijo en el ejercicio, pero supervise la actividad

- Cuéntele a su hijo acerca de la escuela y otras cosas importantes en la vida que necesitan saber

- Establecer cultura y rutinas familiares

- Hacer reglas consistentes sobre el uso de la televisión, teléfono, computadora, etc.

9 a 11 años de edad

- Asegúrese de que su hijo esté protegido de los peligros cuando esté montando dentro del coche, en bicicleta, en skateboarding, etc.

- Enséñale a tu hijo sobre las reglas de la casa.

- Asegúrese de que su hijo duerma lo suficiente

- Enséñele a su hijo acerca de las responsabilidades – comience animándolo a ahorrar dinero

- Conozca a los amigos de su hijo y a sus padres – es importante cuando su hijo se convierte en adolescente

- Hable con su hijo acerca de la pubertad, las conductas de riesgo y la presión de sus compañeros

12 a 14 años de edad

- Asegúrese de que su hijo esté protegido de la presión de sus compañeros y ayúdelo a tomar decisiones saludables

- Respete las decisiones, intereses y opiniones de su hijo

- Proporcionar supervisión de adultos

- Discutir conductas de riesgo

- Establecer metas y expectativas claras

15 a 17 años de edad

- Asegúrese de que su hijo o hija entienda peligros como el comportamiento sexual u otras actividades de riesgo

- Asegúrese de que entiendan el toque de queda y sus expectativas

- Discutir temas sensibles como la depresión y las tendencias suicidas

- Aliente y ayude a su hijo adolescente a crear metas y planificar con anticipación

- Muestre afecto – todavía lo necesitan de sus padres

- Ayude a su hijo adolescente a tomar decisiones sabias y saludables

- Respetar la privacidad de su hijo adolescente

Conclusión

La crianza positiva es la clave para una familia feliz. Eso ha sido probado una y otra vez por muchos estudios científicos. Si aún no lo ha hecho, es hora de empezar a cambiar sus enfoques de crianza y adaptar los métodos de crianza positivos para maximizar sus beneficios.

La crianza positiva solo funcionará si usted es consistente. Tomará más tiempo y esfuerzo de los padres para que funcione. De hecho, la crianza positiva es quizás los métodos de crianza más difíciles que cualquier padre puede practicar. Sin embargo, las grandes cosas no son fáciles.

Al final del día, tendrán grandes hijos que entienden y comparten sus historias y problemas abiertamente con ustedes. El aire en el hogar será positivo y agradable. Se necesita mucho trabajo para llegar a este punto, pero vale la pena la lucha.

Incluso si usted siente que no puede hacerlo por más tiempo y está tentado a ir por las soluciones de fijación rápida, recuerde que nunca es una buena idea. Cuando se sienta frustrado por sus hijos, recuerde que ellos no saben nada mejor. No puedes esperar que sepan nada mejor. Quieren que seas feliz, pero no saben cómo hacerlo. Si alguna vez necesita apoyo, su cónyuge está allí para ayudarle. Hay muchas comunidades grandes de padres que están más que dispuestos a proporcionar ayuda y apoyo en caso de que se acerquen a ellos. Por lo menos, puedes compartir algunas de las desventuras que tienes con tus hijos y reírte con todos allí.

Con eso dicho y hecho, le deseo la mejor de las suertes con su esfuerzo en la crianza.

www.ingramcontent.com/pod-product-compliance
Lightning Source LLC
Chambersburg PA
CBHW070107120526
44588CB00032B/1329